समकालीन हिन्दी सिनेमा
चंद और चर्चित फिल्में-2

समकालीन हिन्दी सिनेमा
चंद और चर्चित फिल्में-2

लेखक
डॉ. सी. भास्कर राव

कल्पना प्रकाशन
दिल्ली-110 033

समकालीन हिन्दी सिनेमा: चंद और चर्चित फिल्में-2

©	:	सुरक्षित
प्रथम संस्करण	:	2016
ISBN	:	978-93-83725-11-3
मूल्य	:	₹ 350.00
प्रकाशक	:	**कल्पना प्रकाशन** बी-1770, जहाँगीर पुरी, (नजदीक स्टेट बैंक ऑफ इण्डिया), दिल्ली-110033.
एकमात्र वितरक	:	**के.के. पब्लिकेशन्स** 4806/24, भरतराम रोड, दरियागंज, नई दिल्ली-110002. फोन : 011-23285167, 65185557 टेलीफैक्स : 011-47340207 ई-मेल : kkpdevinder@vsnl.net वेब : www.kkpublications.com
आवरण	:	बाईनरी-सोफ्ट ग्राफिक्स, दिल्ली।
लेज़र टाईप सैटिंग	:	कुमार कम्प्यूटर्स, दिल्ली।
मुद्रक	:	बालाजी ऑफसेट, दिल्ली-32

Samkaaleen Hindi Cinema: Chand aur Charchit Filmyein - 2 by Dr. C. Bhaskar Rao ₹ 350.00

विषय-सूची

1. मंगल पांडे : एक ऐतिहासिक दस्तावेज 5
2. ब्लैक : एक अलग और अनोखी फिल्म 12
3. थ्री ईडियट्स : शिक्षा पद्धति पर प्रहार 19
4. स्वदेश : पुरानी शैली का नया अंदाज 27
5. गजनी : हॉलीवुड का बॉलीवुड संस्कार 43
6. तारे जमीं पर : बाल मनोविज्ञान का एक सार्थक दृष्टांत 47
7. ट्रैफिक सिग्नल : स्लम का सघन साक्षात्कार 49
8. अ वेडनेस डे : आतंकवाद के विरुद्ध एक अभियान 53
9. रंग दे वसंती : युवा मनोरान की सामाजिक अर्थवत्ता 57
10. मुन्नाभाई एम.बी.बी.एस. : अर्थात् जादू की झप्पी 61
11. गंगाजल : पुलिस समाज का अंतर्रर्बाहा 72
12. मकबूल : मेकबेथ का भारतीय रूपांतर 83
13. दिल्ली-6 : खूबियां-कमियां और कबूतर 102
14. बिल्लू बारबर: मित्रता की मिसाल 110
15. पा : शारीरिक विकलांगता का एक अलग आयाम 117
16. राजनीति : अंधरे से अंधेरे तक का सफर 125
17. गुलाल : क्षेत्रवाद का अंदरूनी संघर्ष 132

1

मंगल पांडे : एक ऐतिहासिक दस्तावेज

आधुनिक भारतीय इतिहास में सन् 1857 का बहुत महत्व है। वास्तव में अंग्रेज हुकुमत के खिलाफ आजादी का बिगुल तभी पहली बार और पुरजोर तरीके से बजा था। इसे बजाकर आजादी का आह्वान करने वाले भारतीय नायक थे, मंगल पांडे। भारतीय स्वतंत्रता संग्राम की पृष्ठभूमि पर हिन्दी में कई फिल्में बनी हैं, परंतु शायद बहुत कम फिल्में ऐसी बनीं, जिनमें 1857 के सिपाही विद्रोह को प्रमुखता मिली हो। स्वतंत्रता संग्राम में गदर की भूमिका इसलिए भी महत्वपूर्ण हो जाती है कि उसमें पहली बार इसके बीज पड़े थे, जो बाद में 1947 में , भारत की आजादी के एक वृक्ष की भांति परिणत हुए। स्वाभाविक है कि भारत की आजादी की कहानी को, भारतीय कला, साहित्य, संस्कृति और सिनेमा में कभी प्रत्यक्ष और कभी परोक्ष रूप में अभिव्यक्ति मिलती रही है। चूंकि सिनमा एक बेहद लोकप्रिय माध्यम है, इसलिए इसे कई बार विषय बनाया गया। हमारे देश में इतिहास को फिल्मांकित करने की एक विशाल परंपरा रही है। पुराण कथाएं, धार्मिक कथाएं और ऐतिहासिक कथाएं, भारतीय सिनेमा का प्रिय विषय रही हैं। आजादी के बाद, आजादी के संघर्ष को लेकर भी काफी फिल्में बनीं। आजादी के एक महानायक भगतसिंह पर हिन्दी में हाल के वर्षों में कई फिल्में बनीं, पर 1857 के गदर को बहुत कम फिल्मों ने पेश किया और उनमें आमिर खान द्वारा निर्मित फिल्म-मंगल पांडे, निश्चय ही एक सबसे महत्वपूर्ण फिल्म मानी जा सकती है। इस फिल्म का कथानक पूरी तरह मंगल पांडे के विद्रोह की गतिविधियों से जुड़ा हुआ है। सारा ध्यान वहीं केन्द्रित

किया गया है। इस रूप में यह कहा जा सकता है कि पहली बार हिन्दी सिनेमा ने एक बड़े पैमाने पर गदर की कहानी कहने की सफल कोशिश की है।

आमिर खान, हिन्दी सिनेमा के एक ऐसे महत्वपूर्ण हस्ताक्षर हैं, जिन्होंने देशप्रेम तथा भक्ति को अपनी कई फिल्मों में अभिनय का विषय बनाया है और उस पर न केवल सफल फिल्में दीं, वरन् सार्थक फिल्में भी दी हैं। उनके द्वारा अभिनीत फिल्मों-लगान, रंग दे बसंती और मंगल पांडे, तीनों ही इस दृष्टि से काफी विचारमूलक फिल्में हैं, जिनमें उन्होंने राष्ट्र के प्रति अपनी चिंता, अपने तरीके से व्यक्त की है। इस आधार पर ये फिल्में राष्ट्रवादी फिल्में हैं, जो आम दर्शकों के मन में राष्ट्र के प्रति सम्मान और चिंता जगाती हैं। आज के हिन्दी सिनेमा के क्षेत्र में आमिर खान अकेले ऐसे फिल्मकार हैं, जिन्होंने राष्ट्र की अस्मिता का सवाल बड़ी संजीदगी से उठाया है, चाहे फिल्म निर्माण के जरिए या फिर अभिनय के माध्यम से। इस फिल्म की सफलता का एक कारण तो यह कि आमिर खान ने इसमें अभिनय किया और दूसरा महत्वपूर्ण कारण है हिन्दी सिनेमा के दूसरे महत्वपूर्ण फिल्मकार ने इस फिल्म को निर्देशित किया और वे हैं- केतन मेहता। यह नाम हिन्दी में कला, विचार, समानांतर, सामाजिक और संवेदनशील सिनेमा के क्षेत्र में बड़ा आदरणीय माना जाता है। केतन मेहता एक ऐसे फिल्मकार है, जिन्होंने या तो समझदार और संवेदनशील फिल्में बनाई, या फिर नहीं बनाई। अपने समय के अन्य इस क्षेत्र के चर्चित फिल्मकारों की तरह उन्होंने व्यावसायिक सिनेमा से समझौता करके मुख्य धारा की फिल्में, थोड़ी कलात्मक छौंक के साथ बनाने की कोशिश नहीं की। आमिर खान को यह श्रेय जरूर दिया जा सकता है कि आधुनिक भारतीय इतिहास के एक विशेष अध्याय को सिनेमा के पर्दे पर रूपायित करने के लिए उन्होंने एक विशेष निर्देशक का चुनाव किया और इस फिल्म की सफलता का श्रेय केतन मेहता को इसलिए दिया जा सकता है कि उन्होंने इसे एक बड़े फलक पर प्रस्तुत किया और इसे एक एपिक स्पर्श देने में काफी हद तक वे कामयाब हुए।

1857 की गदर की कथा से अधिकांश भारतीय परिचित हैं। मंगल पांडे कोई ऐसा व्यक्ति नहीं था, जिसमें अंग्रेजों के प्रति नफरत थी और उसमें विद्रोह के बीज विद्यमान थे। वह भारतीय सिपाहियों के हितों की रक्षा जरूर करता था, पर उससे अधिक उसमें एक समर्पित सिपाही के गुण थे। वह ईमानदार और वफादार था। जिस अंग्रेज कप्तान को वह बचाता है, कालांतर में उसकी मित्रता का कायल भी बनता है। उसके भीतर आग तब सुलगती है, जब उसे यह

विश्वास हो जाता है कि नई बंदूक की नोक पर गाय या सुअर की चर्बी लगी है, जिसे मुंह से काटकर अलग करना पड़ता है। इसके बाद ही वह विद्रोह का बिगुल बजा देता है और कई भारतीय सिपाही उसके पक्ष में लड़ने और मरने के लिए तैयार हो जाते हैं। इस प्रकार स्वतंत्रता की पहली चिनगारी तभी भड़कती है और धीरे-धीरे वह एक स्वतंत्रता की आग में परिणत हो जाती है। यह आग आजादी की कीमत भी वसूलती है और भारत तथा पाकिस्तान के विभाजन की आग में सैकड़ों-हजारों लोग बेमौत के मारे जाते हैं। शायद हमें आजादी नहीं मिलती, अगर मंगल पांडे ने तब अपनी कुर्बानी नहीं दी होती। इसका अंदेशा कमांडर विलियम गॉर्डन को था कि यदि मंगल पांडे को फांसी दी गई तो यह आग और भड़केगी और उसका यह अनुमान सही निकला। तब वह आग नहीं भड़कती तो हमें शायद आजादी भी नहीं मिलती। इस कथा को इतिहास के साथ ज्यादा छेड़छाड किये बिना ही फिल्म में लाने की कोशिश की गई है। ऐसे विषयों पर फिल्में जब बनती हैं, वे ज्यादातर विवादों का शिकार बन जाती हैं, लेकिन इस फिल्म में ऐतिहासिक तथ्यों को लेकर कोई विशेष बहस नहीं हुई, पर वेश्या के साथ मंगल पांडे के व्यक्तिगत संबंधों को लेकर विवाद जरूर हुआ, पर इस विवाद से फिल्म की लोकप्रियता पर कोई आंच नहीं आई।

यह फिल्म मंगल पांडे को आरंभ से ही एक हीरो के रूप में पेश नहीं करती है। मंगल पांडे के रूप में आमिर खान भले ही हीरो लगते हों। मंगल पांडे के भीतर विद्रोह की आग सुलगी, उसके पीछे नई किस्म की बंदूक ही मूल कारण है, अन्यथा वह एक बहादुर सिपाही था तथा अपने काम के प्रति उसमें निष्ठा थी। फिल्म में मंगल पांडे के चरित्र और आमिर खान के नायकत्व में कुछ फासला जरूर दिखता है। आमिर ने यथासंभव बहुत अच्छा अभिनय किया है, पर हमारा इतिहास जिस वीर और शहीद मंगल पांडे की कथा कहता है, उसके साथ आमिर खान का अपना इमेज बहुत मेल नहीं खाता है। इसलिए एक दूरी दोनों के बीच आरंभ से अंत तक रह जाती है। उसे एक हीरो की तरह पेश करना भारतीय या हिन्दी सिनेमा की एक मजबूरी हो सकती है, जिसके तहत एक अदद हीरोइन का चरित्र भी गढ़ा गया, भले ही वह वेश्या हो, जिसका उद्धार मंगल के माध्यम से हुआ हो। यह अंश निश्चय ही मंगल पांडे के चरित्र के उतना अनुरूप नहीं लगता, जितना नायक आमिर खान के अनुरूप लगता है।

जब भी इस तरह के विषयों पर फिल्में बनी हैं, उन पर समाज के किसी न किसी कोने से उंगली जरूर उठी है। इसका एक कारण यह है कि ऐसी फिल्मों में ज्यादातर ऐतिहासिक तथ्यों की अनदेखी की जाती है। जो सत्य और तथ्य, जनमानस के बीच सदियों से गहरे बसे हुए हैं, उनके साथ बिना छेड़-छाड़ के फिल्म बनाना एक बेहद जटिल, संवेदनशील और चुनौतीपूर्ण मामला होता है, पर हमारे ज्यादातर फिल्मकार उस पर समुचित ध्यान नहीं दे पाते हैं। उसके सामने फिल्म की प्रमुखता होती है, उस विषय के इतिहास या पृष्ठभूमि की कम, नतीजा यह होता है कि फिल्म किसी न किसी विवाद का शिकार बनती है। फिल्मकार यह नहीं सोच पाते कि इतिहास के साथ छेड़-छाड़ नहीं करना ही उचित है, चाहे इसके लिए उन्हें कुछ समझौते ही क्यों न करने पड़ें। पर शायद उनकी मजबूरी यह है कि व्यावसायिक समझौते ही उनकी प्राथमिकता में आ जाते हैं। ऐसे में उन्हें फिल्म के रिलीज होते ही लोगों के आक्रमणों का शिकार होना पड़ता है। शायद ही हमारे देश में कोई ऐसी हिन्दी फिल्म बनी हो, जो विवादों का शिकार होकर प्रदर्शन से वंचित हुई हो। यह सारा विवाद कुछ ही समय चलता है और बाद में मामला या तो खुद ही शांत हो जाता है या फिर उसे साम-दम-दंड-भेद से शांत कर दिया जाता है। एक हद तक इस मामले में दर्शकों को भी यह समझना चाहिए कि फिल्म कोई ऐतिहासिक दस्तावेज नहीं होती है। अंतत: वह एक कहानी होती है और कई बार माध्यम के अनुरूप कहानी में किंचित हेरफेर की आवश्यकता भी होती है। बॉलीवुड में कोई फिल्म इसलिए नहीं बनती है कि उसमें भारतीय कला, साहित्य संस्कृति और इतिहास के प्रति कोई प्रतिबद्धता है, बल्कि इसलिए बनती है कि वह फिल्म चले और उससे आमदनी हो। थोड़ी छूट फिल्मकारों को दी जा सकती है और दी भी जानी चाहिए, इसलिए भी कि यदि इसी तरह विवाद होते रहें और फिल्में वितंडावाद का शिकार बनती रहें तो आज थोड़ा बहुत इस तरह के विषयों पर जो फिल्में बन रही है, उस पर भी रोक लग जाएगी और यह अपेक्षाकृत ज्यादा बड़ा नुकसान है। भले ही कहानी में कुछ जोड़ा और कुछ तोड़ा गया हो, पर यदि वह बड़ी और आपत्तिजनक तथा अपमानजनक न हो तो उसे स्वीकार कर लेना चाहिए, कम से कम यह सोचकर कि यह फिक्शन है, फैक्ट नहीं। अधिक फैक्ट के साथ थोड़े फिक्शन की छूट गलत नहीं होगी।

इस फिल्म में कथानक के लिहाज से कुछ बातें ऐसी हैं, जो मंगल पांडे के चरित्र को स्थापित करने में सहायक प्रमाणिक होती हैं, चाहे वे इतिहास के

मेल में हों या न हों। मंगल पांडे का चरित्र इसमें एक साथ काले-सफेद तंतुओं से निर्मित है, जो उसे शुरू से ही नायक कम और एक सिपाही तथा आम मनुष्य बनाता है। किसी चरित्र को बहुत बढ़ा-चढ़ा कर दिखाना आसान है, वनिस्पत उसे सहज और सामान्य बनाने के। इसलिए जब वह अपने कमांडर गॉर्डन को, हमले में घायल होने की स्थिति में जिस रूप में बचाता है, उसे उसकी शासक भक्ति या अंग्रेज भक्ति के रूप में नहीं लिया जा सकता है, बल्कि वह एक मानवीय आचरण है। जो उसकी रोजी-रोटी है, और जिसकी वजह से वह है, उसके प्रति सहानुभूति एक स्वाभाविक और मानवीय मानी जा सकती है, पर यही मंगल पांडे एक अंग्रजों की पार्टी में, एक सिपाही द्वारा असावधानी होने पर जिस तरह निर्मम पिटाई का शिकार होता है तब वही मंगल पांडे बीच-बचाव कर उसे वहां से हटा लेता है। जो कभी अंग्रेज को बचाता है, वही अपने भारतीय सिपाही भाई को भी बचाता है। यह उसके एक स्वभाव का परिचायक बनता है। इस तरह जो मंगल पांडे, यह सुनिश्चित होने के बाद कि नई बंदूकों में, गाय या सुअर की चर्बी लगी है, बिना किसी की परवाह किए, अंग्रेजों के विरुद्ध खड़े होने का अदम्य साहस दिखाता है, वही दूसरी ओर एक मानवीय प्रवृत्ति के तहत यदि एक देश के प्रति अनुराग महसूस करता है, तो यह भी उसकी स्वाभाविकता को ही दर्शाता है। इस तरह केतन मेहता ने यह कोशिश जरूर की है कि वह आरंभ से ही नायक न हो, बल्कि धीरे-धीरे परिस्थितिवश उसका नायकत्व जाग्रत हो, यह चरित्र संरचना की एक विशेषता मानी जाएगी। भले ही यह भी इतिहास के मेल में न हो।

इस फिल्म का अंत भी हमें आश्वस्त करता है। मंगल पांडे ने अंग्रेज हुकूमत के खिलाफ जो बीज बोए थे या जो नींव डाली थी, वही कालांतर में आजादी के महल में परिवर्तित हुई। इसलिए एक कोलाज के माध्यम से जिस तरह उस समय की आजादी की लड़ाई को बाद की आजादी की लड़ाई से जोड़ा गया, वह निश्चय ही प्रशंसनीय है। 1857 से लेकर 1947 तक आजादी की मशाल निरंतर जलती ही रही, इसे फिल्मकार ने संयत रूप में पेश किया है। उसका लक्ष्य निश्चय ही आजादी के इस दौर की लड़ाई को दिखाना नहीं था, बल्कि इस लड़ाई को उस लड़ाई के निर्णायक मोड़ तक लाना था, और यह बखूबी किया गया। एक खतरा यह था कि यदि बाद की लड़ाई को यानी स्वतंत्रता संग्राम को ज्यादा दिखाया जाता तो मंगल पांडे की पहल, प्रयत्न और

कुर्बानी का उतना महत्व नहीं रह जाता, जब कि फिल्म का मकसद उस चरित्र की गरिमा को स्थापित करना था। इस तरह यह अंत फिल्म के लक्ष्य को बिना बाधित किए ही अपनी आगे की कहानी भी कह देती है, इसलिए यह माना जाता है यहां फिल्मकार ने सूझ-बूझ से काम लिया और एक तरह से संयम बरतते हुए, स्वयं को नियंत्रण में रखकर फिल्म को मंगल पांडे की चरित्रगाथा तक सीमित रखा है।

फिल्म का एक पक्ष और है, जिस पर बहुत कम ध्यान दिया गया है और वह है सांप्रदायिक सदभावना की दृष्टि से इसका मूल्यांकन। ऐतिहासिक आधार पर यह कितना सत्य है, कहा नहीं जा सकता है, लेकिन जब ब्रिटिश शासन ने सिपाहियों को नई बंदूकें देने का निर्णय लिया, तब अफवाह यह उड़ी कि उसमें ऐसी जगह गाय और सुअर की चर्बी लगी हुई है, जिसे मुंह से काटकर अलग करना है। चर्चा में दोनों की तरह की चर्बी की बात आती है, यानी हिन्दू और मुस्लिम दोनों समुदायों तथा धर्मों के भ्रष्ट होने की बात उठती है। इसलिए कि यह दोनों के अपने धर्मों और संस्कारों के विरुद्ध है। जब मंगल पांडे इसके विरोध में उठ खड़ा होता है, तब दोनों समुदायों के लोग समान रूप से उसका साथ देते हैं और इस तरह भारत के आधुनिक इतिहास में पहली बार दोनों के बीच सांप्रदायिक सद्भावना और सौहार्द्र की एक मिसाल कायम होती है और अंग्रेजों के विरुद्ध एक सम्मिलित शक्ति बनती है, इसीलिए ब्रिटिश सरकार हर हाल में और किसी भी कीमत पर उसे कुचल देना चाहती है। वे तभी शायद यह समझ भी चुके थे कि भारत की इस संयुक्त ताकत का सामना करना आसान नहीं है। हालांकि तब दोनों के बीच भेदभाव के विषबीज बोने का उदाहरण शायद नहीं मिलता है, पर इन्हें कभी न कभी किसी न किसी रूप में अलग करने में उनका हित है, यह शायद वे मान चुके थे। यदि इस का अंतिम परिणाम भारत-पाक विभाजन के रूप में बाद में चलकर आया हो, तो कोई आश्चर्य की बात नहीं है। लेकिन यह भी एक सत्य है कि गदर के समय दोनों के बीच जिस भाईचारे की मजबूत नींव पड़ी थी, उसकी वजह से स्वाधीनता संग्राम में मुसलमानों का योगदान भी उतना ही महत्वपूर्ण बना, जितना हिन्दुओं का। यह बात दूसरी है कि आखिर हम अंग्रेजों की कूटनीति का शिकार हो गए और आज भी वह विष कभी-कभी, कहीं न कहीं, किसी न किसी रूप में बाहर फूट जाता है। पर यदि हम सिपाही विद्रोह के समय की सांप्रदायिक

सदभावना से सीख लें, तो आज भी यह साफ हो जाता है कि इस भेदभाव के पीछे कोई और ही है। यह पक्ष बीज रूप में मौजूद है, जो इस फिल्म को आधुनिक भारतीय इतिहास में, इस आधार पर भी महत्वपूर्ण बनाता है।

यह सच है कि इस फिल्म को कई तरह के विवादों का शिकार बनना पड़ा, लेकिन यह भी उतना ही सच है कि इसे समाज के लगभग हर वर्ग ने सराहा और स्वीकार किया। तरन आदर्श ने इस फिल्म की समीक्षा करते हुए यह सही लिखा है कि एक राष्ट्रीय महानायक को सिनेमा में चित्रित करने की एक सफल कोशिश की गई है। उनका यह विचार भी महत्वपूर्ण है कि इस फिल्म ने न केवल भारत में बल्कि पूरे विश्व में इस महानायक को स्थापित करने में एक अहम् भूमिका निभाई है। इसी तरह समीक्षक डोरिक का यह कथन वजनदार है कि इस फिल्म की संरचना काफी हद तक एपिक के अनुरूप है और यह फिल्म बहुत हद तक हॉलीवुड की सफल ऐतिहासिक फिल्मों की याद दिलाती है, क्योंकि इसमें बॉलीवुड की अनावश्यक नाटकीयता से यथा संभव बचने का प्रयास किया गया है। वे खासकर गॉर्डन और मंगल पांडे के संबंध को भी काफी महत्त्वपूर्ण मानते हैं।

बॉबी बेदी और दीपा साही द्वारा निर्मित यह फिल्म भारतीय इतिहास के एक विशेष अध्याय को सिनेमा में जीवंत बनाने के लिए हमेशा याद रखी जाएगी। केतन मेहता का निर्देशन निश्चय ही काफी स्तरीय और संयत है, जो उसकी ऐतिहासिकता को बनाए रखने में कामयाब होता है। फारूख ढोंढी और रणजीत कपूर ने मिलकर इसकी स्क्रिप्ट लिखी है, जो विषय के अनुरूप है। ओमपुरी का नैरेशन, इस फिल्म को एक गहराई और गरिमा प्रदान करता है। इसमें आमिर खान, रानी मुखर्जी, टॉबी स्टीफेन्स, कोराल, बीड, अमिशा पटेल और किरण खेर ने महत्वपूर्ण भूमिकाएं निभाई हैं। चूंकि यह पूरी तरह से मंगल पांडे को केन्द्र में रखकर ही बनाई गई है, इसलिए आमिर खान ही सर्वाधिक उभरते हैं। ए.आर.रहमान का संगीत, फिल्म के परिवेश को सजीव बनाता है और हिम्मन धमीजा का छायांकन सराहनीय है तथा स्रीकर प्रसाद का संपादन अच्छा है। कहा जा सकता है पूरी तकनीकी टीम ने इसमें बड़े तालमेल के साथ अपना काम किया है तभी एक अतीत वर्तमान में मूर्त हो पाया और एक इतिहास पुनः हमारे सामने प्रतिबिंबित हुआ।

2

ब्लैक : एक अलग और अनोखी फिल्म

संजयलीला भंसाली की फिल्म-ब्लैक, न केवल एक उल्लेखनीय और महत्वपूर्ण फिल्म है, बल्कि आधुनिक हिन्दी सिनेमा जगत की एक माईल स्टोन मानी जा सकती हे। यह ऐसी फिल्म है, जो भारतीय फिल्म क्षेत्र की एक बड़ी उपलब्धि होने के साथ, विश्व सिनेमा के क्षेत्र की भी एक प्रतिष्ठित फिल्म के रूप में स्वीकार की जाती है। विश्व भर में सन् 2005 में जो अच्छी फिल्में बनीं, उनमें 10 श्रेष्ठ फिल्मों में इस फिल्म को भी एक माना जाता है। श्रेष्ठता के लिहाज से 5वां स्थान से दिया गया है। इतना ही नहीं, बल्कि यह भी कहा जाता है कि जिन 25 बॉलीवुड फिल्मों को अवश्य देखने योग्य माना जाता है, उनमें संजय की यह फिल्म ब्लैक भी शामिल है। इसमें कोई शक नहीं है कि यह फिल्म अपने विषय और शिल्प, दोनों ही आधारों पर, अपने ढंग की एक अलग और अनोखी फिल्म है।

संजयलीला भंसाली, समकालीन बॉलीवुड सिनेमा के एक महत्वपूर्ण और मशहूर निर्देशक हैं। हालांकि उनकी फिल्मों की सूची बहुत लम्बी-चौड़ी नहीं है, फिर भी अपनी सीमित फिल्मों के आधार पर भी, उन्होंने अपनी एक खास पहचान बनाई है। हिन्दी सिनेमा में ऐसे अनेक विख्यात निर्देशक हैं, जिनकी आरंभिक कुछ फिल्मों के चर्चित हो जाने के बाद वे लगातार एक के बाद दूसरी फिल्में बनाते जा रहे हैं और जाहिर है कि उनमें से कुछ अच्छी बन रही हैं और कुछ औसत। बॉलीवुड की परंपरा भी यही है कि जिस निर्देशक को एक बार ख्याति मिल जाती है, उसे मार्केट की दृष्टि से बहुत उपयोगी मान

लिया जाता है। और उसके पास फिल्म निर्देशन के प्रस्तावों के ढेर लगने शुरू हो जाते हैं इसका एक पहलू यह भी है चर्चा में आ जाने वाला निर्देर्शन खुद भी फिल्म निर्माण में जुट जाता है कि न जाने कब वह अनुपयोगी साबित हो जाए। अच्छे निर्देशकों की भी जो औसत फिल्में आती हैं, उसकी यह एक मुख्य वजह है। लेकिन संजय, इस कोटि के फिल्मकार नहीं हैं। वे अपनी ख्याति को भुनाने के पीछे नहीं भागते हैं, शायद यही वजह है कि ख्याति के बावजूद वे अपने अन्य समकालीन निर्देशकों की अपेक्षा आज भी कम फिल्में बनाते हैं। फिल्मों की संख्या कम होने पर उसकी गुणवत्ता के विकास की संभावना बनी रहती है। संजय को जिन दो फिल्मों की वजह से भारतीय सिनेमा जगत, याद रखता है, उनमें उनकी एक फिल्म है देवदास और दूसरी ब्लैक। एक निर्देशक के लिए यह जरूरी भी नहीं होता है कि वह अपनी सफलता और उपलब्धि के लिए कई फिल्में बनाए। फिल्मों की संख्या सफलता का कोई बड़ा पैमाना नहीं है। ऐसे भी अनेक और शायद अनगिनत निर्देशक हैं, जिन्होंने फिल्में तो एक बड़ी संख्या में बनाईं, पर वे कभी औसत से ऊपर नहीं पहुंच सकीं और हमेशा मीडियॉकर ही बने रहीं। संजय ने कम से भारतीय सिनेमा को दो ऐसी फिल्में तो दीं, जिनकी वजह से उनका नाम अच्छे निर्देशकों की पंक्ति में शामिल हो पाया।

उनकी फिल्म-ब्लैक से पहले, देवदास की चर्चा करना गलत नहीं होगा। बांग्ला के विख्यात उपन्यासकार-शरतचंद चट्टोपाध्याय का बहुत चर्चित उपन्यास-देवदास, आरंभ से ही भारतीय निर्देशकों के लिए एक बड़े आकर्षण का विषय रहा है। संभवत: यही एक ऐसा उपन्यास है, जिस पर सर्वाधिक संख्या में भारतीय फिल्में बनी हैं। विभिन्न भाषाओं को मिलाकर कोई एक दर्जन से अधिक ही फिल्में इस पर बनी होंगीं। हिन्दी में श्री. बिमल रॉय के निर्देशन में बनी फिल्म-देवदास, अब भी एक हिन्दी क्लासिक सिनेमा मानी जाती है। वह बिमल रॉय के निर्देशन की दृष्टि से एक श्रेष्ठ फिल्म तो थी ही,अभिनय दिलीप कुमार की भी श्रेष्ठ फिल्म थी। शायद बाद में बनी तमाम फिल्में, चाहे किसी भी भाषा में बनी हों, उस ऊंचाई और श्रेष्ठता को छू नहीं पाई। यानी एक बात साफ है कि जिस तरह देवदास उपन्यास एक क्लासिक भारतीय साहित्य है, उसी तरह उस उपन्यास पर बनीं कुछ फिल्में भी क्लासिक सिनेमा के अंतर्गत् आती हैं ऐसे में देवदास पर आज के समय फिल्म बनाना और आज के संदर्भ

में बनाना एक बड़े जोखिम का काम था और सामान्यतः ऐसा जोखिम कोई उठाना नहीं चाहता है, पर संजय ने यह साहस किया, जिसके लिए उनकी दाद दी जा सकती है। हालांकि यह फिल्म जितनी चर्चा में रही, उतना ही इसे लेकर बहसबाजी भी छिड़ी। संजय की दृष्टि यह थी कि आज के समय में इस कहानी का और उसके किरदारों का क्या रंग-रूप हो सकता है। उसी हिसाब से उन्होंने मूल उपन्यास में परिवर्तन किए। तब के देवदास की कहानी को आज के समाज से जोड़ने की कोशिश की। जो लोग इस पर आरोप लगाते है, उन्हें यह जरूर सोचना चाहिए कि देवदास एक रिमेक नही था रिक्रिएशन था। आप जब किसी भी क्लासिक रचना को किसी भी माध्यम में रिक्रिएट करते हैं तो जाहिर है कि उसमें काफी परिवर्तन हो जाते हैं। देवदास को अपने समय में पढ़ने वाला व्यक्ति जिस रूप में ग्रहण कर रहा था, आज का पाठक उसी रूप में उसे ग्रहण नहीं कर सकता है। यह ग्राह्यता का फर्क ही उसकी प्रस्तुति का फर्क बन जाता है। जब सत्यजित राय ने प्रेमचंद की कहानी–शतरंज के खिलाड़ी, पर फिल्म बनाई और मृणाल सेन ने -कफन, कहानी पर, तब भी इसी तरह की बहस छिड़ी थी। इसमें एक तो इस बात पर ध्यान देना पड़ता है कि जब भी माध्यम बदलता है, तब उसकी अपनी भाषा के हिसाब से परिवर्तन होते हैं और दूसरे जब समय बदलता है, यानी लेखन काल और निर्माण काल में अंतर होता है तो भी परिवर्तन आते हैं। संजय की देवदास की तरफदारी की बात यह नहीं है, बल्कि एक नए, आधुनिक नजरिए से उसी कथा को देखने और दिखाने के फर्क की है। इसमें कोई शक नहीं है कि करोड़ों का बजट, बड़ा स्टार कास्ट और भव्य सेट्स के सामने उस उपन्यास का रिक्रिएशन काफी हद तक दबकर रह गया। उसके ग्लैमर ने दर्शकों की भीड़ को आकर्षित किया और उसकी संरचना ने प्रबुद्ध लोगों और आलोचकों को निराश किया। लेकिन बाद में चलकर जिस तरह नामी-गिरामी फिल्मों की निरर्थक और असरहीन रिमेक्स बनने लगीं, उनसे यह फिल्म बहुत बेहतर है, इतना स्वीकार जरूर किया जा सकता है।

संजय की फिल्म-ब्लैक, यदि एक विशेष फिल्म बन पाई तो इसकी वजह यह है कि उन्होंने बहुत सधकर , ठहरकर, सोच-समझकर, परिश्रम के साथ बनाई है। दरअसल जब वे अपनी फिल्म-खामोशी, 1995 में बना रहे थे, उन्हीं दिनों उन्होंने हेलेन केल्लेर की प्रसिद्ध आत्मकथा-द स्टोरी ऑफ माई

लाईफ, पढ़ी थी और तब से उससे बेहद प्रभावित तथा प्रेरित थे। वे उनके निवास पर भी गए थे, जानकारी एकत्रित करने के लिए। उन्होंने प्रसिद्ध पियॉनिस्ट गेराल्डिन की आत्मकथा का भी अध्ययन किया। हेलेन और गेराल्डिन दोनों अंधे और गूंगे थे। इसके साथ ही कई ऐसी संस्थाओं और संस्थानों में जाकर भी उन्होंने यह जानने-समझने की कोशिश की कि इसके शिकार लोगों की मन:स्थिति कैसी होती है और उनसे जुड़े अभिभावकों की भावनाएं क्या होती हैं। यानी काफी अध्ययन, चिंतन, मनन और शोध के बाद ही संजय ने यह फिल्म बनाई है, इसलिए इस फिल्म में ऐसी विकलांगता की दुनिया की सचाई और ईमानदारी मिलती है। हम फिल्म देखते हुए पल भर के लिए भी उस दुनिया से अलग नहीं हो पाते हैं। उस परिवेश विशेष को इतना सजीव और जीवंत बनाया गया है कि उससे अछूता और अप्रभावित रहना मुमकिन नहीं होता है। इसे विश्वसनीय बनाने के लिए इस फिल्म की शूटिंग के दौरान भी सेट पर ऐसे विकलांग छात्र मौजूद रहते थे, जो कलाकोरों को अपने संकेतों की भाषा सिखाते थे। बहुत कम फिल्में ऐसी होती हैं, जो इतनी मुकम्मल तैयारी के साथ बनाई जाती हैं, इसलिए यह फिल्म जितनी प्रभावशाली प्रतीत होती है, अपने विषय की दृष्टि से उतनी ही परिपूर्ण भी।

फिल्म में जो कथानक रखा गया है, वह बहुत संतुलित, संयमित और सघन है। फिल्म की कथा का एक सौंदर्य यह है कि इसे फ्लैशबैक में पेश किया गया है। फिल्म का केन्द्रीय चरित्र देबराज एक विशेष प्रकार के रोग से ग्रस्त हो जाता है, जिसमें क्रमश: उसकी स्मरण शक्ति, पहचान और कथन खत्म होने लगते हैं। उससे मिलने युवा मिशेल आती है, जो खुद पहले इस रोग का शिकार थी और उसकी वजह से वह गूंगी और अंधी हो जाती है। उसकी दुनिया एक अंधेरे का शिकार होकर रह जाती है। उसे खुद देबराज एक शिक्षक के रूप में अथक प्रयत्नों से काफी हद तक ठीक कर देता है। यहां तक कि वह एक ग्रेजुएट भी बन जाती है। अस्पताल में देबराज को देखते हैं कि मिशेल के माध्यम से फिल्म की कहानी पीछे लौटती है और हम देखते हैं कि आठ वर्ष की मिशेल किस हद तक अंधेरे का शिकार है और वह काफी चिड़चिड़ी, गुसैल और हिंसक तक हो उठती है। उसके माता-पिता के प्रयत्नों से, देबराज की देखरेख में धीरे-धीरे वह चीजों को सांकेतिक भाषा में समझने लगती है और उन्हें अभिव्यक्त करने की कोशिश करती है। यह पूरी प्रक्रिया बड़ी जटिल

और लम्बी होती है। इस बीच कई तरह के तनावों, दबावों से मिशेल और देबराज को गुजरना पड़ता है, पर अंततः देबराज की शिक्षा फलीभूत होती है और उम्र के विकास के साथ मिशेल के मन और मस्तिष्क का भी विकास होने लगता है, जो उसे अंत में अपनी मंजिल तक पहुंचाता है। देबराज और मिशेल के बीच सीखने और सिखाने को लेकर जो द्वंद्व होता है, वह फिल्म के कथानक के कसाव का प्रमुख कारण है। कथानक की बुनावट वास्तव में बहुत सघन और तीव्र है। एक-एक क्षण के तनाव और खिंचाव को इसमें चित्रित किया गया है, जो किसी कुशल निर्देशक के लिए ही संभव है।

प्रस्तुति के लिहाज से फिल्म में कई ऐसे प्रसंग हैं जो वाकई हमें झकझोरते हैं। ऐसा पहला प्रसंग है, मिशेल का किसी भी रूप में देबराज के समक्ष सीखने के लिए समर्पण न करना। देबराज खुद एक शराबी और सनकी है, इसलिए दोनों के बीच द्वंद्व स्वाभाविक है। गैर समर्पण से मिशेल के समर्पण तक की जो अंतर्यात्रा है मनोभावों की, वह बहुत प्रभावशाली है। दूसरा महत्वपूर्ण और संवेदनशील प्रसंग वह है, जब मिशेल के पिता, जो देबराज को पसंद नहीं करते हैं, के बाहर से लौटने से पूर्व, देबराज जिस तरह अपनी असफलता और मिशेल की अक्षमता से क्षुब्ध होकर उसे एक फव्वारे में फेंक देता है, जहां पहली बार मिशेल न केवल पानी को पहचानती है, बल्कि अपने मां-बाप को भी। यह दृश्य काफी मर्मस्पर्शी है। तीसरा मन को छू जाने वाला प्रसंग वह है, जब मिशेल पहली बार प्रेम को समझना चाहती है और उसे महसूस करना चाहती है, इसलिए वह अपने शिक्षक देबराज से, जो कि उम्र में उससे बहुत बड़ा है, उसे चूमने का आग्रह करती है। यहीं से देबराज के जीवन में एक आंतरिक परिवर्तन आना शुरू हो जाता है, जो उनके परस्पर संबंध पर निर्भर करता है और वह उसी रोग का शिकार होने लगता है, जिस रोग के शिकार को उसने खुद ठीक किया था। अब खुद छात्रा शिक्षिका बन जाती है और शिक्षक छात्र बन जाता है और मिशेल की सहायता से देबराज की पहली पहचान भी उसी पानी से होती है, जो पानी, मिशेल की पहली पहचान की अभिव्यक्ति का माध्यम बना था। इस फिल्म का समापन इतने संवेदनशील प्रसंग पर होता है कि वह किसी भी प्रबुद्ध दर्शक को जीवनपर्यंत याद रह सकता है। इस प्रकार इसका अंत एक अविस्मरणीय अंत बन जाता है।

विकलांगता की समस्या पर या फिर एक खास तरह के मानसिक रोग के संदर्भ में इससे पूर्व हिन्दी में कोई इतनी प्रभावशाली फिल्म बनी हो ऐसा याद नहीं पड़ता है। समाज के, विशेष प्रकार के बच्चों की जिन्दगी पर बनी यह एक बेहतरीन और बेमिसाल फिल्म है, इसमें कोई शक नहीं है। उसे किसी भी तरह के अतिरेक से बचाया गया है, ताकि उसकी विश्वसनीयता बनी रहे। यह एक ऐसी फिल्म है जिसे हर स्कूल तथा कॉलेज में छात्रों को बारबार दिखाया जाना चाहिए ताकि वे इस समस्या को जानें और समझें तथा उसके प्रति खुद भी संवेदनशील बनें। यह विकलांग मानसिकता को समझने और अनुभव करने की दृष्टि से एक अद्भुत फिल्म है। इतना ही नहीं बल्कि इसमें पात्रों के अंतसबंधों को भी कई धरातलों पर व्यक्त किया गया है। जिनमें पहला है, मिशेल और देबराज का संबंध, दूसरा है, मिशेल को लेकर उसके माता और पिता का संबंध तीसरा है मिशेल और उसकी बहन सारा का संबंध। इस तरह कई स्तरों पर कई परस्पर संबंधों को भी इस फिल्म में बड़ी सूक्ष्मता से चित्रित किया गया है, जो मानवीय संबंधों की विभिन्न परतों को उद्घाटित करती है।, वर्षों तक जिस मिशेल के साथ दिनरात देबराज एक कर उसे अपने मुकाम तक पहुंचाता है, वहीं देबराज जब खुद इस रोग का शिकार हो जाता है तो मिशेल के प्रति उसके भावनात्मक संबंध और उसे अभिव्यक्त न कर पाना और मन के तहखाने में लगातार दबाते जाने के फलस्वरूप उसकी अपनी मानसिक विकलांगता, इस फिल्म के मनोवैज्ञानिक पक्ष को बड़ी दृढ़ता से सामने रखने में सफल होती है।

यह फिल्म वास्तव में दो पात्रों की ही फिल्म है।, देबराज और मिशेल। देबराज की भूमिका में अमिताभ बच्चन जितने सफल रहे हैं, मिशेल की भूमिका में रानी भी लगभग उतनी ही सफल रही है। फिल्म की सफलता, सार्थकता और सघनता में, इन दोनों कलाकारो का योगदान उतना ही महत्वपूर्ण है, जितना इसके निर्देशक का। शेष भूमिकाओं में आयशा कपूर, छोटी मिशेल के रूप में, शहनाज पटेल, मिशेल की मां भूमिका में, धृतिमान चैटर्जी पिता की भूमिका में और बहन सारा के रूप में नंदना सेन ने अच्छा और अपेक्षित अभिनय किया है। कलाकरों की इस टीम ने फिल्म को अपनी ऊंचाई दी। उसी तरह इसका तकनीकी पक्ष भी उतना ही संतुलित और असरदार है। असरदार पटकथा का श्रेय जाता है, संजयलीला, भवानी अय्यर और प्रकाश कपाडिया

को। संगीत पक्ष की सघनता का श्रेय जाता है, माँटी शर्मा को। विशेष श्रेय छायांकन को मिलता है, राजीव के चंद्रन को। कैमरा कार्य इसमें इतना खूबसूरत और स्तरीय है कि लगता नहीं है कि हम कोई देशी फिल्म देख रहे हैं। कलात्मक दृष्टि से यह फिल्म किसी भी श्रेष्ठ विदेशी फिल्म से किसी मायने में कमतर नहीं है। फिल्म की खूबी, सफलता और उपलब्धि का अनुमान इस बात से भी लग जाता है कि इसे अब तक अनगिनत सम्मान और पुरस्कार मिल चुके हैं, जिनमें राष्ट्रीय फिल्म पुरस्कार, फिल्म फेयर पुरस्कार, स्टार स्क्रीन पुरस्कार, आइफा पुरस्कार, जी सिनेमा पुरस्कार तथा अन्य कई तरह के पुरस्कार शामिल हैं। कहा जा सकता है पुरस्कारों ने इस फिल्म की झोली भर दी है। शायद ही कोई पुरस्कार छूटा होगा। और खासियत यह है कि जिस किसी क्षेत्र में ये पुरस्कार मिले, एक साथ फिल्म के कई-कई पक्षों को मिले। ऐसा बहुत कम होता है। पुरस्कारों का महत्व अपनी जगह है, पर एक साथ भावनात्मक आधार पर , विचारों के आधार पर, सिनेमा की कलात्मकता के आधार पर और तकनीकी उत्कृष्टता के आधार, तथा सबसे बढ़कर हर स्तर और वर्ग के दर्शकों के दिल-दिमाग पर छा जाने के लिहाज से यह फिल्म एक चिरस्मरणीय फिल्म है।

3

थ्री ईडिएट्स : शिक्षा पद्धति पर प्रहार

प्रोड्यूसर विधु विनोद चोपड़ा और निर्देशक राजकुमार हिरानी की फिल्म को वर्ष 2009 की सभी भारतीय फिल्मों में, सबसे लोकप्रिय फिल्म का पुरस्कार दिया गया। इसमें कोई शक नहीं है कि यह फिल्म न केवल उत्तर भारत में, बल्कि दक्षिण भारत में भी काफी लोकप्रिय हुई। पूरे देश के स्तर पर इसकी लोकप्रियता ने एक नयी मिसाल कायम की। बॉक्स ऑफिस पर भी यह बेहद सफल साबित हुई। उसने इस आधार पर एक नया कीर्तिमान बना लिया। इससे पूर्व आमिर खान अभिनीत फिल्म-गजनी, की सफलता से भी आगे निकल गई यह फिल्म 25 दिसंबर 2009 को रिलीज हुई थी। विनोद चोपडा प्रोडक्शन्स के तहत इस फिल्म का निर्माण हुआ। इस फिल्म की पटकथा अभिजित जोशी और राजकुमार हिरानी ने मिलकर लिखी और विशेष रूप से उल्लेखनीय है कि यह फिल्म जिस उपन्यास पर आधारित है, उसके लेखक चेतन भगत हैं। इस फिल्म की सफलता ने लेखक को भी काफी लोकप्रिय बनाया। अन्यथा पहले वे उतने जाने-माने तो नहीं ही थे, जितने फिल्म के रिलीज होने और उसके लोकप्रिय होने के बाद हुए। इस फिल्म में आमिर खान, आर.माधवन, शर्मन जोशी, करीना कपूर, ओमी वैद्य, परीक्षित साहनी, जावेद जाफरी आदि ने मुख्य भूमिकाएं निभाई। इसे संगीत से सजाया है, शांतनु मोइत्रा ने। इसके छायाकार हैं, मुरलीथरना और इसका संपादन किया है, राजकुमार हिरानी ने, जो इस फिल्म के निर्देशक भी हैं। इस फिल्म के गीतकार हैं-स्वानंद किरकिरे।

इस फिल्म की एक बड़ी विशेषता यह भी है कि यह हमारे देश के कुछ ऐसे अनजाने और गुमनामी के शिकार वास्तविक लोगों और उनके उल्लेखनीय आविष्कारों पर भी आधारित है, जिन्होंने अपनी मौलिक सूझ-बूझ से देशी स्तर पर कुछ नायाब चीजें बनाईं और वे बहुत शिक्षित नहीं होते हुए भी अपनी बौद्धिक क्षमता का जनसामान्य के हित में उपयोग करने में बहुत कामयाब हुए। उनमें से कुछ के नाम हैं-रेमया जोस (केरला)मोहम्मद इदरीस (मेरठ, उत्तरप्रदेश)और जहांगीर पेंटर (महाराष्ट्र)आदि। इसमें कोई संदेह नहीं है कि किसी वैज्ञानिक क्षमता के लिए महाविद्यालयों और विश्वविद्यालायों की डिग्री अनिवार्य नहीं होती है, बल्कि कुछ वह जन्मजात भी होती है और कुछ अपनी सूझ-बूझ और परिश्रम से भी आती है। देश में ऐसे लोगों की कोई कमी नहीं है जिन्होंने अपनी सीमित शिक्षा और साधनों से भी अपने बड़े और महत्वपूर्ण आविष्कारां के द्वारा दुनिया के सामने एक मिसाल कायम की। यह फिल्म बुनियादी रूप से इसी मौलिक प्रतिभा के विकास की सार्थकता की बात करती है और बड़ी-बड़ी डिग्रियों की निरर्थकता का सवाल भी उठाती है। इस विषय के आधार पर यह बॉलीवुड की एक मौलिक फिल्म है। इसके पूर्व शायद कभी इस विषय पर इतनी लोकप्रिय फिल्म नहीं बनी थी। इसके आम और औसत दर्शकों तक भी अपना यह संदेश बड़ी सहजता से संप्रेषित कर दिया, यह इसकी सफलता का सबसे बड़ा प्रमाण है।

अपने उद्देश्य के प्रति गंभीर होते हुए भी यह फिल्म एक हास्य-व्यंग्यपूर्ण फिल्म है, इसलिए इसमें रोचकता काफी है। इस फिल्म की कथा के कई पक्ष हैं। सबसे प्रमुख पक्ष यह है कि यह एक प्रसिद्ध इंजीनीयरिंग कॉलेज के परिवेश और परिसर को पेश करती है, जहां तीन लड़के यानी तीन दोस्त एक साथ हॉस्टल के एक कमरे मे रहते हैं, फरहान खुरेशी(आर.माधवन) राजू रस्तोगी(शर्मन जोशी) और रणछोड़दास यानी रांचो(आमिर खान) तीनों खिलंदड़े हैं। रणछोड़दास में मौलिक प्रतिभा है और वह हमेशा अच्छे अंकों के साथ पास हो जाता है, पर फरहान और राजू, सामान्य परिवारों के हैं। फरहान वास्तव में एक फोटोग्राफर बनना चाहता है, पर पिता की जिद के चलते उसे इंजीनीयरिंग की पढ़ाई करनी होती है और इसमें उसका मन नहीं लगता है। वह कभी अच्छा रिजल्ट नहीं कर पाता है। राजू का परिवार इतना अभावग्रस्त है कि वह अपने परिवार को पढ़ाई पूरी करके एक सुदृढ़ आर्थिक आधार देना चाहता है, पर वह

हर समय कुछ चिंता-फिक्र का शिकार रहता है, इसलिए उसका रिजल्ट भी अच्छा नहीं होता है। इस संस्थान के प्रमुख हैं, वीरु शहरत्रबुद्धे, जिन्हें वहां के छात्र मारे चिढ़ के वायरस बुलाते हैं। वह बड़े कड़े मिजाज का है। अपनी बातों और सिद्धान्तों पर अड़ा रहता है। उसका प्रिय छात्र है, चतुर रामलिंगम, जिसे छात्र साईलेन्सर के नाम से जानते हैं। रांचो की परीक्षा-प्रतियोगिता मुख्य रूप से साईलेन्सर के साथ होती है। और हर बार रांचो उसे पछाड़कर आगे निकल जाता है। यह बात वासरस को बहुत अखरती है। वायरस के अड़ियल व्यवहार के चलते एक छात्र लोबो फांसी लगाकर आत्महत्या कर लेता है, इससे वायरस के प्रति ये तीनों दोस्त उससे बुरी तरह कुढ़े-चिढ़े रहते हैं। उससे और उसके प्रिय छात्र से बदला लेने के लिए वे एक कार्यक्रम के दौरान, जिसे साईलेन्सर को संबोधित करना था, उसके भाषण का परचा बदल देते हैं और उसकी असंगत वार्ता की बड़ी भद्द होती है। इस तरह कॉलेज के स्तर पर तीनों दोस्तों, वायरस और साईलेन्सर के बीच शह-मात का खेल जारी रहता है।

कथा का दूसरा पक्ष संस्थान के प्रमुख, प्रोफेसर वीरू यानी वायरस के परिवार से जुड़ा हुआ है। वायरस के कड़क स्वभाव के चलते ही उसके बेटे ने आत्महत्या कर ली थी। उसकी बेटी, प्रिया के साथ कथा नायक राचो का प्रेम का खेल शुरू होता है। बेटी अपने बाप के स्वभाव को खुद नापसंद करती है और जब उसका बाप प्रिय छात्र साईलन्सर को टॉप कराने की जुगत में होता है, वह रोंचो को इसकी सूचना दे देती है ओर रांचो तथा फरहान , राजू को रैंक दिलाने के लिए प्रश्नपत्र चुराने की कोशिश करते हैं, पर राजू नकल मारने से इन्कार कर देता है वायरस उसे भड़काता भी है कि वह अपने शेष दोनों दोस्तों से अलग हो जाए, पर राजू मानसिक तनाव में आकर ऊपर से कूद पड़ता है और उसके पैरों में गंभीर चोट आ जाती है। इसी बीच कहानी में एक नाटकीय मोड़ आता है और एक आंधी-तूफान के मौसम में प्रिया की बड़ी बहन मोना को प्रसव पीड़ा होती हे, रांचो अपनी सूझबूझ और प्रिया की सहायता से अपने कॉलेज के कैम्पस में ही मोना की डिलीवरी में सफल हो जाता है। इससे प्रभावित होकर वीरु यानी वायरस उसे अपनी वह कलम प्रदान करता है, जिसे उसने वर्षों से ऐसे ही किसी प्रतिभाशली छात्र को देने के लिए रखा था।

कथा का तीसरा पक्ष भी है और वह असली रणछोड़दास(जावेद जाफरी) से जुड़ा हुआ है। वह पढ़ने-लिखने के मामले में निहायत फिसड्डी

था, जब कि उनके नौकर का बेटा बहुत तेज था। अपने बेटे की इस नालायकी पर पर्दा डालने के लिए रणछोड़दास के नाम पर नौकर के बेटे को इंजीनीयरिंग कॉलेज में भी भर्ती कर दिया जाता है ताकि जब वह डिग्री लेकर आए तो वह वास्तविक रणछोड़दास ही हो जाए तथा लोगों में यह धारणा बनी रहे कि वह एक इंजीनीयरिंग डिग्री धारी है, पर यह खेल बड़े नाटकीय रूप में दूसरा मोड़ ले लेता है, जब फरहान और राजू, रांचो की खोज में उसके शहर और घर पहुंचते हैं। वहां उन्हें अपने मित्र रांचो की असलियत की जानकारी होती है उसी खोज में रांचो की प्रेमिका प्रिया भी शमिल हो जाती है और जब उसे खोज निकाला जाता है तो पता लगता है कि वह लोगों के भीतर मौलिक और मानवीय वैज्ञानिक प्रतिभा के उपयोग तथा विकास का काम किसी सुदूर स्कूल में कर रहा है। ऐसा काम जिसके लिए बड़े इंजीनीयरिंग कॉलेजों, मोटी फीस और तथाकथित डिग्रियों की आवश्यकता न हो, फिर भी उनका काम समाज के सीधे उपयोग से जुड़ा हो और इसके लिए उन्हें पहचान और प्रतिष्ठा भी मिले। यहां तीनों दोस्तों का मिलन होता है, नायक-नायिका का मिलन होता है और नायक तथा खलनायक यानी साईलेन्सर की भेंट भी होती है, जहां खलनायक, नायक को नीचा दिखाने आया था, पर उसके सामने घुटने टेक कर अपनी हार स्वीकार करता है। यहीं फिल्म की कथा का समापन हो जाता है। यानी आल इज वेल। जो इस फिल्म का थीम सांग भी है।

इस तरह इस कथानक के तीन अलग आयाम हैं। पहला आयाम यानी कॉलेज का आयाम सबसे प्रमुख है और इसे प्रमुखता भी दी गई है। कॉलेज का एक परिवेश निर्मित करने में और वहां की अंदरुनी उठा-पटक को दर्शाने में यह फिल्म सफल है, पर कथानक का दूसरा पक्ष कुछ सवाल उठाता है। इस पक्ष का एक कमजोर पहलू है, नायिका की बहन की डिलीवरी की जद्दोजहद। यह कथा इसलिए जोड़ी गई कि इससे एक तो बिना साधनों के भी अन्य उपाय करके किस तरह किसी भी गंभीर स्थिति से निपटा जा सकता है, बशर्ते निपटने वाला व्यक्ति रांचो की भांति मौलिक सूझबूझ वाला और सहज वैज्ञानिक क्षमता-बुद्धि युक्त हो। दूसरा यह कि इससे वीरू जैसे अड़ियल-कड़ियल व्यक्ति का हृदय परिवर्तन हो और वह वैर भाव त्याग कर रांचो की सहजात तथा जन्मजात बौद्धिकता का कायल बन जाए। हृदय परिवर्तन की बात अपनी जगह है, पर इसके लिए किसी शिशु के जन्म का प्रसंग लाना काफी

अनावश्यक और अटपटा लगता है। यह कहीं से भी फिल्म के मूल स्वभाव के मेल में नहीं है। हृदय परिवर्तन और मौलिक वैज्ञानिक प्रतिभा को दर्शाने के लिए और भी बेहतर प्रसंग हो सकते थे। प्रसव वाला दृश्य किसी भी रूप में अपनी सार्थकता प्रतिपादित नहीं कर पाता है, बल्कि इससे फिल्म के प्रति थोड़ी दुर्भावना ही पैदा होती है। ऐसी परिकल्पना की क्या जरूरत थी और उसकी क्या सार्थकता है, यह स्पष्ट नहीं होता है। चूंकि इस दृश्य को डालना था, इसलिए आंधी-तूफान के मौसम और प्रसव पीड़ा और कॉलेज में प्रसव की मजबूरी, ये सारे नाटकीय आयोजन किए गए, जो कहानी की स्वाभाविकता और रवानगी में एक पैचवर्क की तरह दिखते हैं। ऐसी गंभीर और नाजुक स्थिति के बिना इसे प्रमाणित किया जा सकता था। इसी तरह कहानी का तीसरा पक्ष और भी बेतुका तथा बेमतलब लगता है। जब ये लोग कॉलेज की दुनिया से अलग हो जाते हैं, रांचो की खोज की जो कथा है, वह पूरी तरह अप्रासंगिक लगती है, सिवाय इसके कि किस तरह धनी-मानी लोग अपने बेवकूफ बच्चों के लिए भी डिग्रियाँ बटोरने का प्रपंच रचते हैं और इसके लिए गरीबों का उपयोग किस तरह करते हैं। दरअसल यह अपने आप में एक अलग प्रसंग है, बल्कि एक अलग कथा है, इसी फिल्म में और फिल्म की मुख्य कथा धारा के साथ इसे भी पंच करने के चक्कर में एक अनावश्यक कथा का तानाबाना बुना गया है। इससे उसके सत्य या तथ्य की गंभीरता कम होती है और वह हाशिए पर चला जाता है और उसकी जगह उसका हास्य ज्यादा प्रमुखता से उभरता है, जो कि कहानी की मूल गरिमा को कम करता है। वह पूरा अंश ही किसी निहायत कॉमेडी फिल्म का अंश लगता है। इस अंश को जोड़कर फिल्म अपना महत्व और वजन कुछ कम कर लेती है। यह मजबूरी क्यों थी और कैसे थी, यह समझ से परे है। और अगर समाज के सत्य या तथ्य को उजागर करना ही था तो उसे आरंभ से मूल कथा के साथ एक अवांतर कथा के रूप में पिरोना था, जो कि नहीं किया गया और अंत में अचानक एक कथा-प्रसंग जोड़ दिया गया, जो फिल्म के कथानक की गंभीरता और सार्थकता को कम कर देता है।

जहां तथा अभिनय की बात है, इसमें कोई संदेह नहीं है कि केन्द्रीय भूमिका में आमिर खान है और उसने अच्छा अभिनय किया है। एक तरह से फिल्म का सारा तानाबाना उसे लेकर ही है और अपने किरदार के प्रति उसने

पूरा न्याय किया है, इसलिए कि वह आमिर खान के बदले रणछोड़दास ही लगता है। उसके चुलबुलेपन, शैतानियों और बुद्धि के सभी कायल हो जाते हैं। इस रूप में रांचो जैसा एक पात्र के निर्माण में वह पूरी तरह कामयाब रहा। उसके बाद ही शर्मनजोशी और माधवन का नाम आता है। शर्मनजोशी अधिक सहज लगता है और एक हालातों का शिकार हैरान-परेशान छात्र के रूप में उसका काम अच्छा लगता है। वह भी अपनी भूमिका के साथ न्याय करने में सफल रहा है, पर ठीक यही बात माधवन के विषय में नहीं कही जा सकती है। अपने बाप की जिद से अपने शौक को मारकर भी अपनी पढ़ाई जबरदस्ती जारी रखने वाला उसका चरित्र कुछ और सहजता तथा प्रभाव की मांग करता है। माधवन जैसा एक अच्छा अभिनेता, माधवन ही अधिक लगता है और अपनी अदाकारी में कुछ कमतर लगता है। प्रिया की भूमिका में यानी फिल्म की नायिका के रूप में करीना के पास करने को और प्रमाणित करने को यों भी कुछ नहीं था, सिवाय इसके कि एक फिल्म में एक नायिका का होना जरूरी माना जाता है और उसके लिए करीना की जगह कोई भी अभिनेत्री होती तो उससे कोई फर्क नहीं पड़ता। फर्क पड़ने और दिखने लायक उसका काम भी नहीं था यह आसानी से भुला दिया जा सकता है इस फिल्म में करीना भी है, इसमें एक अदद नायिका महज एक फिलर की तरह है। बोमन ईरानी का अभिनय, चरित्र निर्माण के लिहाज से जरूर प्रशंसनीय है। एक सिनिक प्रमुख और प्रोफेसर के रूप में उसने अच्छा काम किया है, जिसे फिल्म के बाद भी, एक चरित्र के रूप में काफी समय तक याद रखा जा सकता है। यह उसकी सफलता है। बाकी कोई भी ऐसा अभिनेता या अभिनेत्री नहीं है, जिनका अभिनय सामान्य या औसत से ऊपर हो, वह चाहे परीक्षित साहनी हो या जावेद जाफरी। हां, चतुर रामलिंगम के रूप में यानी साईलेन्सर की भूमिका में ओमी वैद्य ने अपने अभिनय से अपनी एक अलग उपस्थिति फिल्म में जरूर दर्ज की है, जिससे आगे भी फिल्मों में उसकी संभावना बनती नजर आती है।

इस फिल्म के निर्देशक राजकुमार हिरानी इस क्षेत्र के लिए नए नहीं हैं और फिल्म की मुख्य कथा और उसके मुख्य चरित्रों को उभारने में वे काफी हद तक सफल रहे हैं, इसके बावजूद उन्हें इस फिल्म में पूरे अंक नहीं दिए जा सकते हैं, क्योंकि फिल्म की कहानी के अलग-अलग पक्षों को जोड़ने में वे कामयाब नहीं लगते हैं और उसकी वजह से कहीं-कहीं फिल्म झूल जाती

है। मुख्यकथा धारा में भले ही न झूले, पर अवांतर कथाधारओं में जरूर झूल जाती है। बहुत कुछ एक साथ कह देने और बहुत जोरदार तरीके से कहने के लोभ में वे वह सब कह जाते हैं, जिनकी कोई खास जरूरत नहीं थी। यह जरूर कहा जा सकता है कि फिल्म का संगीत बहुत कर्णप्रिय है और इसीलिए लोकप्रिय भी हुआ। खासकर फिल्म के दो गाने-जूबी-डूबी और आल इज वेल तो काफी समय तक सुनने और गुनगुनाने लायक हैं। संगीत इस फिल्म का एक कामयाब पक्ष है। छायांकन फिल्म की जरूरत के अनुरूप है। न कम और न ज्यादा। सिर्फ छायांकन के कारण यह फिल्म याद रहेगी ऐसा नहीं माना जा सकता है। हां, संपादन की कमी इसमें खटकती है। संपादन की कमी के कारण ही फिल्म की कहानी के अलग-अलग पक्ष एक दूसरे में गुंथे हुए कम और एक दूसरे से जुदा-जुदा ज्यादे लगते हैं। संपादन को और चुस्त-दुरुस्त करने की जरूरत थी, जिसके बिना फिल्म के कहीं-कहीं झूल जाने की नौबत आ जाती है।

इस फिल्म के साथ जो बात जुड़ी रही और चर्चा में भी काफी रही, वह है, मूल लेखक चेतन भगत और प्रोड्यूसर-डायरेक्टर के बीच मतभेद। इस मतभेद के विस्तार में गए बिना भी यह समझा जा सकता है कि इसमें कुल मिलाकर चेतन भगत की भूमिका उलझी हुई थी, जिसने इस विवाद को जन्म दिया। पहले उन्होंने जिस तरह इसे उछाल दिया और फिर जिस तरह खुद ही इसे समेट भी लिया, इसमें उनकी स्थिति ही ज्यादा खराब हुई, जब कि फिल्म की लोकप्रियता में इससे कोई कमी नहीं आई। फिल्म को लोकप्रिय बनाने के लिए भी फिल्मवालों पर यह आरोप लगते रहे हैं कि वे जानबूझ कर ऐसे विवाद पहले उछालते हैं ताकि इससे फिल्म के प्रति दर्शकों की जिज्ञासा बढ़ जाए। इस विवाद के संबंध में यह जरूर कहा जा सकता है कि यह उछाला गया नहीं, बल्कि लगता है कि वास्तविक था। बहरहाल इससे उछाल फिल्म को कम और इसके मूल लेखक को ही अधिक मिला है और उन्होंने फिल्म की सफलता और लोकप्रियता को व्यक्तिगत तौर पर भुनाने में कोई कोर-कसर भी नहीं छोड़ी है।

इस विवाद के बावजूद फिल्म की लोकप्रियता असंदिग्ध है। इधर की फिल्मों में इस फिल्म की सफलता ने एक नया प्रतिमान बनाया और एक नया कीर्तिमान भी स्थापित किया। इस फिल्म को स्टार स्क्रीन, फिल्मफेयर, स्टार डस्ट, आइफा तथा राष्ट्रीय पुरस्कारों सहित अनेक पुरस्कार, अनेक पक्षों के लिए

मिले। कहा जा सकता है कि इस फिल्म की झोली पुरस्कारों से भर गई। राष्ट्रीय पुरस्कार की श्रेणी में इसे सर्वोत्तम लोकप्रिय फिल्म के साथ, सर्वोत्तम ऑडियोग्राफी के लिए अनूप देव को और सर्वोत्तम लिरिक्स के लिए स्वानंद किरकिरे को भी पुरस्कार मिले हैं। अंत में इस नतीजे पर पहुंचना गलत नहीं है कि यह फिल्म सर्वोत्तम लोकप्रिय फिल्म के पुरस्कार के अनुरूप है और उसकी अर्हता रखती है।

4

स्वदेश : पुरानी शैली का नया अंदाज

स्वदेश सन् 2004 की एक महत्वपूर्ण और विशिष्ट फिल्म मानी जाती है। इस फिल्म के निर्देशक आशुतोष गवारीकर की इससे पहले की फिल्म-लगान ने देश-विदेश में बहुत ख्याति अर्जित की थी। वह फिल्म ऑस्कर तक भी पहुंची थी, इसलिए जब यह घोषणा हुई कि वे अपनी नई फिल्म-स्वदेश का निर्माण कर रहे हैं, तो स्वाभाविक रूप से लोगों की अपेक्षाएं काफी बढ़ गई थीं। उन अपेक्षाओं की कसौटी पर यह फिल्म कहां तक खरी प्रमाणित हो पाई, यह तो एक विवेचना और विश्लेषण की बात है, लेकिन अच्छे सिनेमा के दर्शकों को यह आशा थी कि लगान के बाद की उनकी फिल्म स्वदेश उससे भी आगे जाएगी या कम से उस स्तर तक तो अवश्य पहुंचेगी। ऐसी अपेक्षा गलत नहीं मानी जा सकती है। एक अच्छे फिल्मकार से ऐसी अपेक्षा रखी ही जा सकती है। लगान की अपार सफलता और प्रसद्धि ने, इस फिल्म के प्रति दर्शकों में पहले से ही उत्सुकता जाग्रत कर दी थी। यह बात दूसरी है कि एक फिल्मकार की फिल्मों का ग्राफ लगातार विकासमान ही हो, यह आवश्यक नहीं होता है। कई बार पिछली फिल्मों की तुलना में अगली फिल्म कमतर जान पड़ती है। फिल्मों में निरंतर विकास हमेशा एक निर्देशक पर ही निर्भर नहीं करता है। निर्माता, कलाकार और तकनीशियन भी उसके लिए उतने ही जिम्मेदार होते हैं। लगान को जो ख्याति मिली, उसका अधिकांश श्रेय उसके निर्देशक आशुतोष गवारीकर को ही गया। एक तरह से विश्व सिनेमा-जगत में भी उनकी एक पहचान बनने लगी थी। इसलिए कहा जा सकता है कि ऑस्कर की दहलीज तक पहुंचने वाले इस निर्देशक से मात्र हिन्दी सिनेमा को नहीं,

वरन् भारतीय सिनेमा और विश्व सिनेमा को भी कुछ अपेक्षाएं जुड़ी थीं। इसमें कोई संदेह नहीं कि यह फिल्म एक सामाजिक, उद्देश्यपूर्ण, गंभीर और कलात्मक फिल्म है। बॉलीवुड की आम फिल्मों से काफी भिन्न और समझदार फिल्म है। भले ही यह आम हिन्दी सिनेमा के दर्शकों की रुचि और रुझान के उतने अनकूल न हो, परंतु हिन्दी सिनेमा के समझदार और प्रबुद्ध दर्शकों के लिए यह फिल्म एक अच्छी फिल्म प्रमाणित होती है। यह नहीं माना जा सकता है कि लगान के बाद यह फिल्म एक असफल फिल्में है। यह भी सफल है, किंतु इसकी सफलता के अलग आधार हैं। लगान में जो एक मास अपील थी, वह इसमें कम है और उसकी जगह इसमें एक क्लास अपील है।

इस फिल्म का निर्माण आशुतोष गवारीकर प्रोडक्शन और यू.टी.वी. के तहत संयुक्त रूप से हुआ है। इसके निर्माता आशुतोष गवारीकर और रोनी स्क्रूवाला हैं तथा निर्देशन स्वयं आशुतोष का है। इसकी कथा आशुतोष और एम.जी.सत्या ने मिलकर लिखी है तथा इसकी पटकथा भी आशुतोष द्वारा लिखी गई है। इसमें संगीत ए.आर.रहमान का है और संपादन बालु सलूना का। इसके छायाकार हैं, महेश अणे। इस फिल्म की मुख्य भूमिकाओं में शाहरुख खान, गाायत्री जोशी, किशोर बालाल हैं। यह फिल्म 17 दिसंबर 2004 को रिलीज हुई थी। यह लगभग 195 मिनट की फिल्म है।

इस फिल्म में यह कथा मिलती है कि अमेरिका के नासा में एक भारतीय वैज्ञानिक है, जिसका नाम मोहन भार्गव (शाहरुख खान) है। वह पिछले अनेक वर्षों से वहां बसा हुआ है। इन दिनों वहां के वैज्ञानिक एक विशेष मिशन में भी जुटे हुए हैं। मोहन को इन दिनों अपने स्वर्गीय माता-पिता की बहुत याद आ रही होती है। साथ ही बचपन से उसके पालन-पोषण में मां की तरह ही भाग लेने वाली कावेरी अम्मा की भी उसे अत्यधिक याद सता रहीं होती है। पहले कुछ वर्ष कावेरी अम्मा से उसका संवाद होता रहता था, पर इधर वह भी नहीं रहा। बस उसे इतना ही याद है कि वे भारत के किसी गांव में रहती हैं। उसे यह इच्छा होती है कि इसके पूर्व कि नासा का वह वैज्ञानिक मिशन जोर पकड़ ने, वह एक बार भारत आकर कावेरी अम्मा से मिल ले और संभव हो तो उन्हें अपने साथ अमेरिका ले आए। किसी तरह उसे कुछ दिनों की छुट्टी नासा से मिल जाती है। और वह भारत आकर अपने एक पुराने मित्र से मिलता है। उसकी सहायता से वह एक कारवांन लेकर उस गांव में पहुंचता है और कावेरी अम्मा से मिलता है। वहां उसकी भेंट गीता (गायत्री जोशी) से

भी होती है, जो अपने छोटे भाई के साथ कावेरी अम्मा के संरक्षण में ही रहती है। गीता गांव में एक स्कूल चलाती है ताकि गांव के बच्चे बुनियादी शिक्षा प्राप्त कर सकें। सिर्फ एक नौकरी करना उसके जीवन का लक्ष्य नहीं है, बल्कि वह गांव में शिक्षा के प्रचार-प्रसार को ही अपने जीवन का एक उद्देश्य बनाती है। मोहन के गांव आने पर दोनों के मन में एक दूसरे के प्रति आकर्षण उत्पन्न होता है, जो कालांतर में प्रेम में परिवर्तित होता है। उसी गांव में एक पोस्टमास्टर है, जिसे पहलवानी का बड़ा शौक है और एक अन्य व्यक्ति एक ढाबा चलाता है, जिसके मन में अमेरिका जाने की बड़ी इच्छा है। ये दोनों गांव में मोहन के सहयोगी बनते हैं। गांव में एक पंचायत भी है, जो बीच-बीच में गांव की व्यक्तिगत, पारिवारिक और सामाजिक समस्याएं सुलझाती रहती है। भारत के गांवों में जो मुख्य समस्याएं होती हैं, वे सभी उस गांव में भी उपस्थित हैं, अशिक्षा, बेराजगारी, भूख, अकाल मृत्यु, प्राकृतिक विपदाएं आदि का शिकार वह गांव भी है। कुछ दिन वहां रहकर मोहन इन सब बातों को देखता-सुनता है और गहरे अनुभव भी करता है। उसे यह भी अनुभव होता है कि गांव के लोग आत्मनिर्भर होकर जीना नहीं जानते हैं, न चाहते हैं। वे हर काम के लिए सरकार पर निर्भर करते हैं, इसलिए समस्याएं दिनोंदिन और बड़ी होती जाती हैं और नई-नई समस्याएं पैदा होती जाती हैं। शिक्षा की समस्या दूर करने और उसे कम करने पर विशेषकर गांव के बच्चों को शिक्षित करने के काम के प्रति गीता समर्पित है। गांव में एक बड़ी समस्या बिजली की भी है। मोहन अपने वैज्ञानिक अनुभव के आधार पर अनुभव करता है कि गांव की बिजली के मामले में आत्मनिर्भर बनाने के प्राकृतिक साधन हैं, केवल कुछ उपकरणों के संसाधन जुटाने होंगे, जिससे बिजली पैदा हो सके। गांव के अंधेरे को दूर कर वहां प्रकाश फैलाना मोहन अपना मिशन मान लेता है। उसे लोगों के श्रम की आवश्यकता है, जिसके लिए गांव के लोग तैयार हैं। वह अपने रुपए खर्च करके आवश्यक मशीनें आदि खरीदकर लाता है और जो लोग इस काम की जानकारी रखते हैं, उन्हें भी अपने मिशन में सम्मिलित करता है। गांव के सारे लोग, मोहन के नेतृत्व में दिन रात एक कर देते हैं और आरंभ में कुछ प्राकृतिक कठिनाइयों और कुछ मशीनी दिक्कतों के चलते उन्हें थोड़ी असफलता मिलती है, लेकिन अंततः वे लोग सफल हो जाते हैं और रात के अंधेरे में गांव रोशनी से जगमगा उठता है। इस बीच मोहन के प्रति कावेरी अम्मा की मोहमाया बढ़ जाती है और मोहन तथा गीता के बीच प्रेम और भी प्रगाढ़ हो जाता है। मोहन के बार-बार आग्रह पर भी कावेरी अम्मा अमेरिका जाने का मन नहीं बना पाती

है, क्योंकि वह इस बढ़ी उम्र में एक नया और विदेशी जीवन अपनाने की स्थिति में नहीं है। गीता भी अमेरिका नहीं जाना चाहती है, क्योंकि अभी गांव का उसका शिक्षा-मिशन अधूरा है। नासा से लगातार बुलावा आता रहता है, इसलिए मोहन अमेरिका लौट जाता है और उस मिशन के पूरा होने के बाद वह यह अनुभव करता है कि उसके देश को उसकी आवश्यकता है। अमेरिका में रहकर वह अपना विकास कर सकता है और वैज्ञानिक विकास में सहयोग दे सकता हैं।, किंतु अपने देश में गरीबी, अशिक्षा, भुखमरी और बरोजगारी जैसी बुनियादी समस्याओं के निदान में उसकी भागीदारी अधिक जरूरी है। एक तरह से यह देश और देश की मिट्टी उसे बुलाती है और वह अमेरिका छोड़कर भारत लौट आता है तथा उसी गांव को देश के विकास का एक पड़ाव मानते हुए, अपना नया अभियान वहीं से आरंभ करता है। बिजली के अभियान में सफल होने के बाद उसका मनोबल बढ़ता है और उस पर गांववासियों का भरोसा भी। इस तरह यह कहानी एक विदेश में बसे भारतीय वैज्ञानिक की अपने लोगों के व्यापक और बहुमुखी हित में अपने देश लौटने की बात हमारे सामने रखती है, जो वास्तव में इस देश के चौतरफा विकास के लिए बहुत जरूरी है। जो विदेशी शिक्षा, ज्ञान और अनुभव देशी विकास का मार्ग प्रशस्त करे और उसे समर्थ तथा समृद्ध बनाए तो इससे बढ़कर उसकी सार्थकता और क्या हो सकती है।

इस फिल्म का शीर्षक-स्वदेश, फिल्म के कथ्य और कथानक की दृष्टि से सार्थक और सारगर्भित है। आजकल की बॉलीवुड फिल्मों की तरह इसका शीर्षक लम्बा और अंग्रेजी-हिन्दी भाषाओं वाला एक खिचड़ी शीर्षक नहीं है। इसके पूर्व-लगान,शीर्षक भी जितना छोटा था, उतना ही अर्थपूर्ण भी। एक लम्बे-चौड़े और अंग्रेजी-हिन्दी का शीर्षक फिल्म की सफलता का कोई ठोस आधार नहीं होता है। छोटे शीर्षक ही अधिक आकर्षक होते हैं शीर्षक की सार्थकता उसकी अर्थवत्ता पर निर्भर करती है। एक लम्बा शीर्षक भी यदि निरर्थक हो, तो उसका कोई प्रभाव नहीं पड़ता है। कहा जा सकता है कि आशुतोष गवारीकर की पिछली फिल्म की तरह इस फिल्म का शीर्षक छोटा होते हुए भी सार्थक है। फिल्म का विषय भी शीर्षक के मेल में है। फिल्मकार का संदेश भी यही है कि जो विदेशों में भारतीय पढ़ते हैं, ज्ञान अर्जित करते हैं, उसका उपयोग अपने देश भारतीय के हित में करना ही अपने स्वदेशी होने को प्रमाणित करना है। आज के अधिकांश युवा विदेशों में पढ़ना, वहीं कोई

नौकरी करना, वहां बस जाना, वहां की सुख-सुविधाएं भोगना और खूब धन कमाना, अपने जीवन का लक्ष्य बना लेते हैं। बहुत कम युवा ऐसे होते हैं जो विदेशों से पढ़-लिखकर, धन-यश कमाकर उसका उपयोग अपने स्वदेश के विकास में करें। विदेश पलायन आज के भारतीय समाज का एक अभिशाप बन चुका है। यही कारण है कि जिस तेजी से हमारे देश का विकास होना चाहिए, नहीं हो पा रहा है। जो विकास हो रहा है, उसका लाभ नीचे तक नहीं आ रहा है। अमीरी बढ़ रही और आसमान छूने की तैयारी में है, लेकिन इसके विपरीत गरीबी और बदतर होती जा रही है। दुनिया में शायद ही कोई अन्य देश ऐसा होगा, जहां एक छोर पर अपार समृद्धि है और दूसरे छोर पर असीम दरिद्रता। यदि देश का युवा वर्ग विदेश से लौटकर अपने साधनों और संसाधनों को देश में हित के लगाए तो यह देश चौतरफा विकास करेगा और उसकी विकास की गति भी तेज होगी। ऐसा नहीं हो पा रहा है तो इसलिए कि युवा वर्ग अपने हितों को साध रहा है और देश के हित के प्रति उदासीन है। यह हमारे वर्तमान समाज की एक गंभीर समस्या है। यह फिल्म इस समस्या का एक समाधान सुझाती है। मोहन भार्गव अमेरिका से भारत आता है और यहां की समस्याओं को समझकर अपने भविष्य की भूमिका तय करता है और वापिस लौट आता है। वापिस मात्र इसीलिए नहीं लौटता कि उसकी मां सरीखी कावेरी अम्मा यहां है और उसे गीता से प्रेम हो गया है, बल्कि इसलिए भी लौटता है कि देश अभी भी नाना प्रकार की बुनियादी समस्याओं से जूझ रहा है और उसकी जरूरत अमेरिका से अधिक अपने देश को है। यह पुकार वह सुनता है इसे गुनता है। उसे गहरे अनुभव करता है और इसे अंजाम तक पहुंचाता है। यही आज की भारतीय युवा पीढ़ी को भी करना है। विदेशी का स्वर्ग सुख पाने के लिए देश को नरक के हवाले कर देने स्वदेश के प्रति अन्याय है। स्वदेश को अपने भीतर अनुभव करने की आवश्यकता है।

इस प्रकार देश के प्रति एक अपनत्व का अनुभव प्रदान करना और देश की आवश्यकता को समझना तथा देश के हित और विकास में अपना योगदान देना ही स्वदेश की साधना है। इस तरह विषय के आधार पर यह फिल्म एक गंभीर और सामयिक सामाजिक संदर्भ से जुड़ी हुई है, इस समस्या के एक सांकेतिक समाधान के रूप में फिल्म में मोहन के मन मे कावेरी अम्मा के प्रति खिंचाव और गीता के प्रति लगाव तथा भारतीय गांवों की समस्याओं से मोहन का साक्षात्कार आदि विधान कथानक में किया गया है। कथानक कहीं भी

बोझिल और बलात् थोपा गया नहीं लगता है। उसका विकास एक सहज गति से, एक आत्मीय ग्रामीण परिवेश में होता रहता है, इसलिए फिल्म का विषय जिस संदेश और उद्देश्य की और दर्शकों को ले जाना चाहता है, वहां तक आसानी से ले जाता है। सामाजिक समस्याओं के साथ परिवारिक संबधों को भी जोड़ने के कारण, दोनों के बीच एक संतुलन बना रहता है और विषय के आदर्श का अतिरिक्त बोझ दर्शकों पर नहीं पड़ता है। जिस तरह मोहन गांव से व्यक्तिगत और सामाजिक रूप में जुड़ने लगता है, उसी तरह दर्शक भी उसका साझेदार बनता है। यही कारण है कि विषय की दृष्टि से इस फिल्म की काफी सराहना हुई है

आशुतोष गवारीकर एक निर्देशक के रूप में पहले ही काफी ख्याति प्राप्त कर चुके हैं। लगान ने उनकी निर्देशकीय क्षमता का परिचय बहुत सुदृढ़ रूप में दिया है। अपेक्षा यही थी कि इस फिल्म में भी उनका निर्देशन उसके समानांतर ही होता या फिर उससे बेहतर होता। इस तुलना के पहले यह समझ लेना आवश्यक है कि इस फिल्म में उनकी निर्देशकीय क्षमता कहां और किस रूप मे प्रकट हुई है। जैस कि माना जाता है, किसी निर्देशन के कला-कौशल का परिचय आरंभ में ही हो जाता है, इसीलिए आरंभ पर विचार करना बेहतर होता है। फिल्म का नाम स्वदेश है और यह मूलत: देश की समस्याओं से ही संबंधित भी है, लेकिन फिल्म का आरंभ विदेशी परिवेश में होता है। फिल्म का नायक अमेरिका के वैज्ञानिक केन्द्र नासा में कार्यरत है और वहां एक स्पेस शटल भेजने के एक विशेष मिशन पर सारे वैज्ञानिक कार्य कर रहे है, यहां निर्देशक के पास दो विकल्प थे, एक यह कि वह देश की धरती के किसी प्रसंग से अपनी फिल्म आरंभ करता, क्योंकि वह स्वदेश पर फिल्म बना रहा है या फिर जैसा कि उसने विदेश की पृष्ठभूमि पर आरंभ किया, वैसा ही करता। वैसा करके उसने एक सही कार्य ही किया है, क्योंकि विदेश से देश की ओर नायक को लाना और उसके माध्यम से लोगों तक एक संदेश पहुंचाना उसका उद्देश्य था, इसलिए विदेश से फिल्म आरंभ करने का उसका निर्णय गलत नहीं था। फिर फिल्म का नायक विदेश में है और उसे कहानी के एक प्रसंग के द्वारा देश लाना आवश्यक था, इसलिए भी विदेश से आरंभ करने की सार्थकता प्रमाणित होती है। यानी नायक और नायक के माध्यम से संदेश, इन दोनों आधारों पर फिल्म का आरंभ किसी भी आधार पर अनुचित या असंगत नहीं प्रतीत होता है। विदेश में रहते हुए ही उसे अपने मृत माता-पिता का स्मरण

करते हुए कावेरी अम्मा की याद आती है और बहुत अफसोस होता है कि जिसने एक मां की तरह उसकी देखभाल की थी, उससे उसने पिछले कुछ वर्षो से कोई संपर्क नहीं रखा। यह एक भावनात्मक कारण बनता है, नायक मोहन के अमेरिका से भारत आने का। इस कारण को एक निर्देशकीय कौशल के साथ ही आशुत्रेष सामने लाते हैं, जो हमें आश्वस्त करता है और वहां किसी तर्क-वितर्क की संभावना भी नहीं रह जाती है। कावेरी अम्मा की बात करते हुए जिस तरह उसकी याद आती है, वह हमें स्पर्श करती है। आशुतोष ने इस फिल्म में यथासंभव और यथासाध्य सहजता और विश्वसनीयता बनाए रखने की चेष्टा की है। इधर जब कि ज्यादातर फिल्में शहरी जीवन पर आधारित होती हैं, उन्होंने एक ग्रामीण परिवेश को मूर्त और जीवंत बनाने का प्रयास किया, यह एक निर्देशक के रूप में उनकी बड़ी विशेषता मानी जाएगी। शायद यही कारण है कि फिल्म को देखते हुए हमे यह अनुभव होत है कि मानो हम कोई पुरानी, साफ-सुथरी, सुलझी हुई, आत्मीय, पारिवारिक फिल्म देख रहे हैं। ऐसी फिल्में तो अब लगभग हिन्दी सिनेमा के हाशिए पर जा चुकी हैं। उसे वहां से लाकर मुख्यधारा से जाड़ने का जो कार्य निर्देशक ने किया है, वह प्रशंसनीय है।

इस फिल्म को देखने पर नया दौर जैसी सामाजिक और भावनात्मक फिल्म की याद अनायास आ जाती है। जब भी फिल्मों में ग्रामीण परिवेश आता है, भारतीय दर्शकों के मन में अपनत्व की भावना आ जाती है। शहरी परिवेश की फिल्में कितनी तड़क-भड़क पूर्ण क्यों न हों, उनके साथ उस अपनत्व के साथ जुड़ाव नहीं हो पाता है। इस फिल्म में निर्देशक ने गांव के परिवेश को सजीव बनाया है। गांव के खेत-खलिहान, पंचायत की बैठकें, गांव के बड़े आंगनों वाले घर, गांव का डाकखाना, गांव की पाठशाला, यह सब मिलकर एक परिवेश का निर्माण करते हैं और इसके निर्माण में निर्देशक सफल रहा है, इसमें कोई संदेह नहीं है। इस फिल्म के केन्द्र में है, गांव को बिजली के निर्माण में आत्मनिर्भर बनाने का मोहन का प्रयास। इस प्रयास में गांव के लोगों की भागीदारी। इसके लिए सारे साधनों संसाधनों का प्रबंध, इसे सफल बनाने की सारी भागदौड़ और उत्तेजना। एक बूढ़ी के घर, उसके चेहरे के परिप्रेक्ष्य में एक बल्ब दिखा और जिसके जलने की एक प्रबल जिज्ञासा। आरंभिक प्रयास में विफलता और बाद में प्रयासों में सफलता तथा अंत में बल्ब का जल जाना और गांव में बिजली आने की खुशी तथा उत्साह। यह पूरा प्रसंग एक दृश्यमाला की तरह फिल्म में आता है और यह इस फिल्म का प्राण-प्रसंग भी है। इसमें यदि

निर्देशक कमजोर प्रमाणित होता तो पूरी फिल्म प्रभावहीन हो जाती। निर्देशक इसके लिए शाबासी का पात्र है कि इस बड़े, सामाजिक और भीड़ भरे दृश्य को बहुत सुदृढ़ रूप में प्रस्तुत किया है, चूंकि इसमें ग्रामीण एक बड़ी संख्या में होते हैं, इसलिए ऐसे दृश्य फिल्माना काफी कठिन होता है, लेकिन आशुतोष ने इसे जिस रूप में फिल्माया है और इसकी क्षण–क्षण की उत्तेजना और उत्सुकता का निर्वाह किया है वह वास्तव में प्रशंसनीय है और यही एक निर्देशक के रूप में आशुतोष की और उसकी फिल्म की भी सफलता का मूल कारण भी है। जिस तरह निर्देशक ने फिल्म के आरंभ को अपने ढंग से प्रस्तुत किया और विदेश से देश तक का एक चक्र पूरा किया उसी तरह फिल्म के अंत को भी उन्होंने एक अर्थ दिया। जब मोहन विदेश से लौटकर गांव आ जाता है और वह भी अखाड़े में कुश्ती आजमाता है तथा कुश्ती के पहलवान पोस्टमास्टर तक को पछाड़ देता है, लगभग वहीं फिल्म समाप्त हो जाती है। नायक स्वदेश के रंग में रंग जाता है। विदेश की मोहमाया से मुक्त हो जाता है। उसके शरीर पर देश की मिट्टी लगी हुई होती है। उसके बाद जब फिल्म की अंतिम नामावली जारी रहती है, तब बड़ी कुशलता से निर्देशक ने पार्श्व में शहनाई का प्रयोग किया है, जो इस बात का संकेत है कि मोहन और गीता का विवाह हो चुका है और वे स्वदेश में एक नया दांपत्य जीवन आरंभ कर रहे हैं।

प्रतीकात्मक रूप से फिल्म एक नए जीवन का संकेत भी करती है और एक सकारात्मक अंत सामने लाती है। यह प्रसंग भी निर्देशकीय सामर्थ्य का प्रमाण प्रस्तुत करता है। निर्देशन की दृष्टि से जिन कमियों की ओर ध्यान चला जाता है, उनमें पहला यह है जिस कावेरी अम्मा की याद मोहन को अमेरिका के अपने व्यस्त कार्यक्रम के बावजूद भारत खींच लाती है। जिसे गांव में खोजने के लिए मोहन को काफी भटकना भी पड़ता है, उसके बाद जब पहली बार वह कावेरी अम्मा से मिलता है, या यों कहा जा सकता है कि दोनों की इतने वर्षों बाद जब मुलाकात होती है, वह उतना असर दर्शकों पर नहीं डालती है, जितना कि अपेक्षा थी। वह एक अत्यंत भावनात्मक पल होता है। उसे भावनात्मक रूप मे इस तरह से प्रस्तुत करने की आवश्यकता थी कि दर्शकों के मन पर भी उसका एक गहरा प्रभाव पड़ता, लेकिन वह दृश्य कुछ सपाट–सा निकल गया। पता नहीं, निर्देशक ने उसे जान बूझकर भावुकता से बचाने की चेष्टा की या वे इसे समुचित रूप में दृश्यबद्ध नहीं कर पाए या फिर

कलाकारों ने वहां अपेक्षा से कम काम किया। एक तरह से उसे भावना के स्तर पर जितना मुखर होना चाहिए था, वह नहीं हो पाया और इस मिलन में कोई कमी खटकती है। प्रसंग की मांग यह थी कि इसे भले ही भावात्मक रूप में अतिरंजनापूर्ण नहीं बनाया जाता, परंतु इसमें भावना का स्पर्श आवश्यक था और यदि वह था भी तो इतना कम कि दर्शक उसे गहरे नहीं अनुभव कर पाता है। यहां लगता है कि निर्देशक से कुछ चूक हुई है। जिस तरह बेधड़क मोहन बार-बार गीता के स्कूल पहुंच जाता है और प्रकारांतर से वहां उनका परस्पर लगाव ही अभिव्यक्त होता है, वह सही नहीं प्रतीत होता है। स्कूल में वह भी बच्चों के बीच इस तरह के दृश्यों के लिए नहीं होते हैं। उसमें कुछ नयेपन के स्थान पर अटपटेपन का ही अनुभव अधिक होता है। प्रेम पनपने के दृश्यों के लिए गांव में जगहों की कोई कमी नहीं थी। मोहन और गीता का साथ-साथ होना और साथ-साथ दिखना, वो भी कई प्रसंगों में हमें ठीक लग सकता है, लेकिन गांव के परिप्रेक्ष्य से इस पर संदेह व्यक्त किया जा सकता है। जिस गांव में छुआछूत की भावना है, जहां जातिवाद है, जहां शिक्षा के महत्व को कोई स्वीकार करने के लिए तैयार नहीं है, जहां हर व्यक्ति एक दूसरे से भावना-दुर्भावना साहित जुड़ा हुआ है, वहां इन दोनों के संपर्क और संबंध को लेकर कहीं से कोई आपत्ति-विपत्ति का ना होना अधिक अस्वाभाविक लगता है। गांव अभी इतने आधुनिक और उदार नहीं हुए हैं कि दो अनजान और जवान युवाओं के मिलने-जुलने पर कोई टीका-टिप्पणी न करें। यह निर्देशकीय कमी है कि उधर उन्होंने ध्यान ही नहीं दिया। दशहरे के समय गांव में मोहन जो कुछ कहता है, वह लगता है कि वह गांव वालों की क्लास ले रहा है। बेहद औपचारिक और लगभग अविश्वसनीय लगता है। वह पूरा एक फिल्मी सेट प्रतीत होता है। फिल्म में गति की कमी है। ऐसी गति जो आद्योपांत दर्शकों को अपनी पकड़ में बनाए रखे। निर्देशक ने इसे समय लेकर बनाया प्रतीत होता है, जैसे उसे कोई जल्दी नहीं है। यह कुल मिलाकर एक धीमी फिल्म है और इसके इतना धीमा होने का दोष निर्देशक को ही जाता है। फिल्म में अपेक्षित गति से उसमें जान आती है, जीवन का अनुभव होता है। फिल्म कोई वास्तविक जीवन नहीं है कि उसे अपने समय से बीतने दिया जाए। जो निर्देशकीय पकड़ उनकी लगान में दिखती है, उसकी आधी भी इसमें नहीं है। आधी भी होती तो फिल्म कुछ और जीवंत जान पड़ती। निर्देशकीय कमी इस रूप में खटकती है। यह कुल मिलाकर एक प्रचार फिल्म-सी लगती है। मानो निर्देशक को किसी प्रचार-प्रसार के लिए कोई विषय दिया गया हो और वह इसके लिए किसी कहानी का

तानाबाना बुनने में लगा हो। कहानी पर जब उसका कथ्य हावी हो जाता है तो उसमें कथ्य का प्रभाव भले ही बढ़ जाए, लेकिन कहानी और पात्र प्रभाव की दृष्टि से कमतर हो जाते हैं। निर्देशक ने कहानी को कथ्य पर प्रमुखता दी होती तो यह दोष नहीं आता। इन दोषों के कारण ही यह फिल्म निर्देशकीय आधार पर लगान से आगे नहीं जाती है, बल्कि लगान के समानांतर भी नहीं है और इसके अपेक्षाकृत कमतर होने का स्पष्ट अनुभव होता है।

इस फिल्म में एक गांव का दृश्य मुख्य है, जहां स्वाभाविक रूप से काफी सारे ग्रामीण लोग हैं, लेकिन इसमें कुछ ही पात्र हैं, जो इस फिल्म में महत्वपूर्ण माने जा सकते हैं। निश्चय ही केन्द्रीय भूमिका में मोहन, गीता, कावेरी अम्मा ही आते हैं और अन्य भूमिकाओं में नासा में काम करने वाले मोहन का मित्र और गांव का पोस्टमास्टर, ढाबेवाला, गांव का सबसे बुजुर्ग शिक्षक, गांव का सरपंच और मोहन की बातों और योजनाओं का विरोध करने वाला अधेड़ व्यक्ति आदि आते हैं। जहां तक मोहन की भूमिका में शाहरुख खान की बात है, उनके अभिनय में कोई कमी नहीं जान पड़ती है। वे वैसे ही लगते हैं, जैसे अपनी अन्य फिल्में में। फर्क यह है कि अन्य फिल्मों में जहां वे एक ग्लैमर नायक होते हैं, वहां इसमें वे एक सादगी पूर्ण नायक हैं। उन्होंने अपने पात्र का जीवन देने का प्रयास किया है, लेकिन फिर भी वे इस फिल्म में मोहन की जगह शाहरुख ही लगते हैं। उनका मूल्यांकन इस फिल्म में अभिनय की दृष्टि से इस रूप में किया जा सकता है कि वे आधे मोहन हैं और आधे शाहरुख खान। उनके अभिनय में एक सपाटता है। ज्यादा उतार-चढ़ाव नहीं है। वे आरंभ से अंत तक हर स्थिति प्रसंग और भावना में लगभग एक से प्रतीत होते हैं। पूरी फिल्म में एक भी संदर्भ ऐसा नहीं है, जो विशेषकर अभिनय से दर्शकों को प्रभावित करता है, लेकिन इस फिल्म में ऐसी कोई स्थिति नहीं दिखती है, इसलिए शाहरुख के अभिनय को औसत ही माना जा सकता है। कई समीक्षकों ने यह कहा है कि इसमें उन्होंने अपने जीवन का सर्वश्रेष्ठ अभिनय किया है, लेकिन यह टिप्पणी काफी अतिरंजनापूर्ण लगती है। एक अच्छा, सधा हुआ, अभिनय क्षमता से समृद्ध अभिनेता पूरी फिल्म के किसी एक क्षण में भी ऐसा अभिनय कर जाता है कि वह दर्शकों को लम्बे समय तक याद रहा जाता है, लेकिन इसमें ऐसी बात नहीं मिलती है। उनके विषय में यही कहा जा सकता है कि निर्देशक की अपेक्षा के अनुरूप अपने भीतर के फिल्मी नायक की जगह एक समझदार और संवेदनशील व्यक्ति को

जीवन देने के प्रयत्न में वे कम स्वाभाविक और सहज लगते हैं और शायद इसका कारण यह है कि अपनी ओर से कोई कोर-कसर नहीं छोड़ने के बावजूद वे अपने भीतर के हीरो शाहरुख पर फिल्म के नायक मोहन को हावी नहीं कर पाते हैं। इसलिए आधे इधर दिखते हैं और आधे उधर। उनकी भूमिका अच्छी और मानवीय हो सकती है, लेकिन सिर्फ इसीलिए कोई अभिनय भी श्रेष्ठ कर ले यह आवश्यक नहीं होता है। इसमें शाहरुख अपनी भूमिका के आधे अनुरूप ही हो पाए हैं, पूरे अनुरूप नहीं। यदि ऐसा हो पाता तो यह फिल्म और भी जीवंत बनती। नासा में मोहन के मित्र और सहकर्मी का अभिनय सहज है। वे अपने पात्र के अनुरूप जान पड़ते हैं।

इधर गांव में गीता की भूमिका में गायत्री अधिक सहज-स्वाभाविक जान पड़ती है। शायद यह उनकी पहली फिल्म है, लेकिन उन्होंने अपने पात्र के अनुरूप अपनी भूमिका संयत रूप में की है। बॉलीवुड नायिकाओं के लटकों-झटकों से पूरी तरह मुक्त दिखाती है और लगभग हर स्थिति की आवश्यकतानुरूप अपने अभिनय में सफल लगती है। कहीं अतिरेक नहीं है। कम भी नहीं है। औसत होते हुए भी पात्र को जीवन देने में सफल है। शायद इसका एक कारण यह भी है कि पहले से ग्लैमर नायिका का कोई ठप्पा उन पर नहीं लगा है कि उन्हें इस फिल्म में उससे बाहर निकलने के लिए कोई संघर्ष करना पड़ा हो। वह कहीं से गायत्री नहीं, गीता लगती है। अपनी सहजता, स्वाभाविकता, विश्वसनीयता और आत्मीयता के कारण। इसमें कोई संदेह नहीं है, कहीं भी उन्होंने यह अनुभव नहीं होने दिया कि वे पहली बार फिल्म में अभिनय कर रही हैं। सामान्यत: किसी पहली फिल्म में पात्र के अनुरूप इतना शांत, संयत और नियंत्रित अभिनय बहुत कम नायिकाओं में मिलता है। कावेरी अम्मा अपनी भूमिका में ठीक ठाक लगती हैं।, लेकिन मोहन के संदर्भ में उनकी भावनात्मकता में किंचित कमी प्रतीत होती है। एक मां के भीतर जो तरलता, वात्सल्य और ममता होनी चाहिए, वह पूरी तरह से उभर नहीं पायी है, फिर भी अपने अभिनय से वे एक छाप दर्शकों के दिलों पर अवश्य छोड़ती हैं, भले ही वह बहुत स्थायी और गहरा नहीं हो। इस आधार पर अभिनय के लिहाज से उन्हें सफल माना जा सकता है। गांव के बुजुर्ग हिन्दी सिनेमा के या कहा जा सकता है, भारतीय सिनेमा के एक टाईप चरित्र हैं। इस तरह के चिरित्र हिन्दी की पुरानी फिल्मों में बहुत होते थे। अब इसका समय सिनेमा से लगभग समाप्त हो चला है, पर निर्देशक ने अपनी फिल्म के पुराने ढांचे के हिसाब से एक

पुराना टाईप चरित्र रखा है, जो हमें अच्छा लगता है। इससे अधिक कुछ नहीं। उनकी उपस्थिति दर्शकों को सकून पहुंचाती है। उनकी मृत्यु का प्रसंग अवश्य भावपूर्ण है। गांव के दो अन्य लोग इस फिल्म में महत्वपूर्ण हैं, गांव का पोस्टमास्टर और पहलवान और गांव का ढाबे वाला और मोहन के साथ अमेरिका जाकर हाईवे में ढाबा खोलने की आकांक्षा रखने वाला युवक। ये दोनों अपनी भूमिकाओं के अनुकूल है, लेकिन इसका जो भी महत्व इस फिल्म में है, वह अपने अभिनय के कारण नहीं, बल्कि फिल्म के नायक के निकट सहयोगी होने के कारण। वे इस रूप में दर्शकों को भाते हैं, इसीलिए उनका अभिनय भी अच्छा ही लगता है। यदि अभिनय की दृष्टि से कलाकरों का समवेत मूल्यांकन किया जाए तो इस फिल्म में अभिनय पक्ष औसत है। न कम, न अधिक। अधिक की संभावना थी, जिससे फिल्म अधिक सजीव होती और सफल भी, परंतु वह संभावना साकार नहीं हो पाई, इसलिए शायद इस आधार पर अपनी अपेक्षित ऊंचाई तक नहीं पहुंच पाई।

इसमें कोई संदेह नहीं है कि दृश्य-विधान की दृष्टि से यह फिल्म एक प्रभावशाली फिल्म मानी जाती रहेगी। जैसा कि पहले कहा गया है, कि इस फिल्म को देखते हुए हमें यह अनुभव होता हे कि हम कोई पुरानी साफ-सुथरी, पारिवारिक, ग्रामीण और अंतरंग फिल्म देख रहे हैं। आज के समय ऐसी फिल्म की कल्पना नहीं की जाती है, लेकिन फिल्म के कथानक के अनुरूप इसे एक प्राचीन हिन्दी फिल्म की शैली में बनाया गया है और उस उद्देश्य से यह सफल मानी भी जाएगी, क्योंकि इसमें दृश्य और परिवेश उसके अनुरूप हैं। इसके अतिरिक्त फिल्म में कई दृश्य हैं जो बहुत प्यारे और भावनात्मक बन पड़े हैं। एक पुस्तक की दुकान में जब पहली बार मोहन और गीता की भेंट होती है, वह दृश्य काफी आकर्षक और रोचक है। उसमें कुछ नयापन है और स्वाभाविकता के साथ ही कुछ ताजगी भी है। भारतीय गांवों में फिल्म प्रदर्शन होते रहते हैं और लोग बड़ी रुचि से इन फिल्मों को देखते भी हैं। ऐसे ही एक शो का आयोजन इस फिल्म में भी होता है, जो दर्शकों को भी अपने साथ जोड़ लेता है। पूरा दृश्य इतना जीवंत है कि हम उससे अछूते नहीं रह पाते हैं। बाद में यही दृश्य एक सुंदर दृश्यमाला में परिवर्तित हो जाता है, जब बिजली चले जाने पर मोहन एक गीत के माध्यम से पूरे गांव को एक मनोरंजन प्रदान करता है और उसमें बच्चों की भागीदारी बहुत प्यारी लगती है। उस दृश्य का पूरा विधान ही बहुत रचबस कर किया गया है, इसलिए उसका एक अलग प्रभाव

पड़ता है। इस फिल्म में एक छोटा-सा प्यारा-सा दृश्य है, जब मोहन और गीता के बीच संवाद हो रहा होता है। संवाद कुछ रूमानी है और मोहन गीता से कहता है कि एक सिरफिरा है जो तुमसे शादी कर सकता है। वह कौन है, इसके विषय में न तो मोहन को कुछ बताने की आवश्यकता होती है और न ही गीता को कुछ पूछने की, क्योंकि ठीक उसी समय कावेरी अम्मा किसी काम से मोहन कहकर पुकारती है, जो भीतर कहीं घर के किसी काम में है और इन दोनों के संवाद से पूरी तरह अनजान है। एक तरह से वह पुकार ही उस सिरफिरे के रूप में मोहन का संकेत दे देती है। इस दृश्य का टाईमिंग बहुत बेहतरीन है। देखने में एक छोटा और मामूली दृश्य लगता है, लेकिन इसमें दृश्यांकन की एक विशेषता मिलती है मानो दोनों के बीच के संवाद को कावेरी अम्मा की पुकार पूरी कर देती है। इस रूप में एक यह दृश्य सुंदर भी है और बच्चों के सामने गीता के सवाल के जवाब देने में असफल हो जाता है और बच्चे जिस मासूमियत के साथ इस दृश्य का आनंद उठाते हैं, वह एक प्यारा दृश्य है, जिसके साझेदार दर्शक भी अनायास बनते हैं। मोहन जब अपने ढाबे वाले साथी के साथ एक गांव की यात्रा पर कुछ वसूली के लिए निकलता है, वहां निकलता है, वहां उस पूरी यात्रा में गीता के साथ दृश्यांकन भी बहुत प्रभावित जैसे दर्शक भी मोहन के साथ ही उस सफर पर निकला हो। यह एक संतुलित और संवेदनशील दृश्य है। इस दृश्य की अंतर्भावना के रूप में उस किसान की पीड़ा जारी रहती है, जो अपनी गरीबी और भुखमरी के करण गीता के खेतों को जोतने के पारिश्रमिक के रूप में कुछ भी नहीं दे पाता है, उल्टे उसकी हालत पर तरस खाकर मोहन ही उसके हाथ में कुछ रुपए रखकर निकल पड़ता है। यह पूरा दृश्य, चूंकि एक तरह से भारतीय किसान के दु:ख-दर्द का सजीव और कारुणिक चित्रण करता है, इसलिए यह फिल्म के संवेदनशील दृश्यों में एक माना जा सकता है। जैसा कि पहले कहा गया हे, इस फिल्म का प्राण-दृश्य है, गांव को बिजली के मामले में आत्मनिर्भर बनाने का प्रसंग इसमें संदेह नहीं है कि यह दृश्य जितना जीवंत प्रतीत होता है, उतना ही गतिमान भी, साथ ही उतने ही उतार-चढ़ावपूर्ण भी, जो दर्शकों की भी उत्तेजना और उत्सुकता को पूरे दृश्य में लगातार बनाए रखता है। यह दृश्य निश्चय ही इस फिल्म का सबसे जानदार और प्रभावशाली दृश्य है। उसी तरह दादाजी की मृत्यु का दृश्य भी भावनात्मक रूप से हमें स्पर्श करता है। फिल्म के लगभग अंत मे जब मोहन अमेरिका लौट जाता है, तब वहां का मिशन पूरा होने के बाद जिस तरह से भारत के उसके प्रवास के दृश्य एक कोलाज के

रूप मे उसके सामने उभरते हैं, जो उसे अंततः आंतरिक रूप से विवश कर देते हैं कि वह देश के हित में स्वदेश में लौट आए, वह दृश्य-कोलाज काफी महत्वपूर्ण है और काफी प्रभावशाली भी। इस तरह इस फिल्म की एक बड़ी विशेषता के रूप में उसका दृश्यांकन, दृश्य-विधान और दृश्य-संरचना को रखा जा सकता है।

इस फिल्म में ए.आर.रहमान का संगीत, फिल्म के अनुरूप मधुर और कर्णप्रिय है। उनकी जो धुनें दर्शकों के बीच लोकप्रिय हुई, वे हैं-ये तारा वो तारा.. सांवरिया-सांवरिया.. यूं ही चलाचल.. आहिस्ता-आहिस्ता.. ये जो देश है मेरा.. पल-पल है भारी.. देखो न .. आदि। ए.आर.रहमान की धुनों को स्वर देने वाले मुख्य गायक हैं-उदित नारायण, मास्टर विग्नेश, बेबीपूजा, अलका याज्ञिक, कैलाश खेर, हरिहरन, साधना सरगम, ए.आर.रहमान, मधुश्री, विजय प्रकाश, आशुतोष गवारीकर, उस्ताद बिस्मिल्लाह आदि। इसमें कोई संदेह नहीं है कि यह जिस तरह की कलात्मक फिल्म है, उसके लिए संगीतकार ए.आर.रहमान और गायकों का चयन बहुत सटीक है, इसलिए इस फिल्म का संगीत फिल्म पर हावी नहीं होता है, बल्कि फिल्म की स्थितियों और पात्रों के साथ एक सामंजस्य बनाए रखता है। निश्चय ही संगीत इस फिल्म का एक सबल पक्ष है। चूंकि यह एक साहित्यिक प्रकृति कर कलात्मक फिल्म है, इसलिए इसके संवादों में परिष्कृति है। भाषा परिमार्जित है। सामान्य और चालू बॉलीवुड भाषा के प्रदूषण से इसे बचाकर रखा गया है। विशेषकर कावेरी अम्मा को लेकर जो संवाद मोहन और गीता के बीच होता है, वह जितना सार्थक है, उतना ही साहित्यिक दृष्टि से सौंदर्यपूर्ण भी। जब वसूली के लिए अन्य गांव में जाकर मोहन हरिप्रसाद नामक किसान से मिलता है, उस समय हरि जिस तरह से अपने दुःख-दर्द सुनाता है, वह किसी के भी मर्म को छूने वाला है। एक भारतीय किसान की गरीबी और बदहाली का जो चित्र उसके बयान से उभरता है, वह जितना मर्मस्पर्शी है, उतना ही मर्मांतक भी। इस तरह संवाद इसके स्थिति और पात्र के अनुरूप अवश्य हैं, फिर भी इसके संवादों में इस तरह के भावनात्मक स्पर्श और होते तो इसका प्रभाव फिल्म की समग्रता पर भी पड़ता।

फिल्म में महेश अणे का छायांकन भी फिल्म की आवश्यकता के अनुरूप ही है। यह फिल्म एक ग्रामीण परिवेश को चित्रित करती है, इसलिए महेश ने इसके छायांकन में इस बात का विशेष ध्यान रखा है और पूरी फिल्म मे अपने छायांकन से एक आंचलिक बोध बनाए रखा है। जब दर्शक उस गांव

का अनुभव करने लगते हैं तो यही माना जा सकता है कि इस फिल्म का छायांकन सफल है। छायांकन मे अनावश्यक प्रयोग नहीं करते हुए भी उसे अर्थपूर्ण और सजीव बनाया है। इसलिए यह कहा जा सकता है इस फिल्म का छायांकन निर्दोष है। वह हमें परिवेश की जीवंतता का अनुभव प्रदान करने में समर्थ है। इसका श्रेय निश्चय ही महेश अणे को जाता है। वह निर्देशक की मानसिकता के साथ तालमेल रखकर काम करता है। इसका संपादन बालू सलूजा का है, जो संपादन के क्षेत्र में हिन्दी सिनेमा का एक काफी चर्चित नाम है। उनके लम्बे अनुभव ने न जाने अब तक कितनी फिल्मों को गति दी है और साथ ही उन्हें अर्थपूर्ण तथा प्रभावशाली बनाया है। इस फिल्म मे सामान्य रूप से उनके संपादन से कोई शिकायत नहीं होती है, लेकिन एक बात अवश्य कही जा सकती है कि इस फिल्म की संरचना काफी कुछ हिन्दी की पुरानी फिल्मों की-सी है। कथानक में अपने आप कोई विशेष गति नहीं है, सिवाय एक प्रसंग के जहां, गांव में बिजली लाने का प्रयत्न हो रहा है। इसके अलावा शेष फिल्म की गति है। धीमी गति वाली फिल्मों को दौर समाप्त हो चुका है। हिन्दी का दर्शक चाहे वह आम हो या खास, एक गतिपूर्ण सिनेमा देखने का आदी हो चुका है। नाटकीयता कम हो, उसमें एक सपाटता हो, वहां संपादन का काम बढ़ जाता है। किसी भी फिल्म को अपेक्षित गति उसके कुशल संपादन से आती है। और यह गति दर्शकों को अपने से बांधने में कामयाब होती है और इससे फिल्म की लाकेप्रियता बढ़ती है। पहले की तरह अब हिन्दी की कलात्मक फिल्में भी संपादन के माध्यम से अपेक्षित गति बनाए रखने की चेष्टा करती हैं, वह चेष्टा इसमें कम मिलती है। कथा की गति के समानांतर ही संपादन को भी सीमित रखा गया है, इसलिए फिल्म की गति मंद पड़ती है, और उसका असर पूरी फिल्म के प्रभाव पर पड़ता है। संपादन में कोई बड़ा दोष नहीं है, लेकिन इस बात की आवश्यकता थी कि लगभग एक सपाट गति वाली कहानी को संपादन से कुछ और गतिमान बनाया जाता। उसकी संभावना दिखती है, पर उसका बहुत कम उपयोग हुआ है।

इस फिल्म को कुछ बातों के लिए अवश्य याद रखा जा सकता है, जिनमें सबसे पहला यह है कि यह लगान के बाद आशुतोष गवारीकर की एक महत्वपूर्ण, सामाजिक और कलात्मक स्पर्श की फिल्म है। दूसरी बात यह है यह फिल्म भारत से विदेशों में जाकर बसने और वहां साधन-संपन्न तथा समृद्ध बनने वाले युवाओं को एक सार्थक संदेश देती है, स्वदेश लौटने की, तीसरी

बात यह है कि फिल्म विशेषकर भारत के ग्रामीणों को अपने साधनों और संसाधनों के उपयोग से आत्मनिर्भर होने को पाठ पढ़ाती है। चौथी बात यह है कि यह फिल्म किसी पुरानी शैली की हिन्दी फिल्म देखने का एक नया और सुखद अनुभव प्रदान करती है। भले ही यह फिल्म लगान से आगे न जाती हो, उतनी लोकप्रिय नहीं हो पाई हो, लेकिन सामाजिक आधार पर यह फिल्म एक बड़ी समस्या का समाधान अवश्य सुझाती है, जो व्यावहारिक भी है और तर्कसंगत भी। इसकी सार्थकता की पहली और अंतिम पहचान है। यह एक सफल फिल्म है, साथ ही समझदार और संवेदनशील भी। हिन्दी के प्रबुद्ध दर्शकों और समीक्षकों ने इसे एक बेहतरीन फिल्म माना है। आशुतोष ने इस फिल्म को कुछ ऐसे ही स्वदेश लौटने वालों की सच्ची कहानी से प्रेरित होकर बनाया है। इस फिल्म पर यह आरोप भी लगे कि यह एक कन्नड फिल्म की नकल है। फिल्म में चूंकिं रामलीला का प्रसंग भी आता है, इसलिए फिल्म के नायक और नायिका को आधुनिक राम और सीता के रूप में भी देखने की कोशिश की गई। यह शायद पहली हिन्दी फिल्म है, जिसे अमेरिका को नासा केन्द्र के भीतर शूटिंग की अनुमति मिली। इस फिल्म के लिए तीन राष्ट्रीय पुरस्कार मिले, उदित नारायाण को सर्वश्रेष्ठ गायक का, आशुतोष को विशेष जूरी का, तथा महेश अणे को छायांकन के लिए। इसके अतिरिक्त इसे ग्लोबल इंडियन, जी सिने, स्टार स्क्रीन, बॉलीवुड मूवी, फिल्म कैफे, रूपा सिने गोअर्स आदि पुरस्कार भी इसके विभिन्न पक्षों के लिए मिले। इसमें कोई संदेह नहीं है कि यह अपने समय की और बाद के समय की भी एक विशेष अर्थपूर्ण और गौरवपूर्ण सामाजिक फिल्म मानी जाती रहेगी।

5

गजनी : हॉलीवुड का बॉलीवुड संस्कार

गजनी बॉलीवुड नायक आमिर खान के एक भिन्न इमेज की दृष्टि से एक सफल फिल्म है। आमिर खान हमेशा से ही एक सॉफ्ट हीरो माने जाते रहे हैं। पहले उन्हें चॉकलेटी हीरो कहा भी जाता था। कुछ सुंदर, कुछ कोमल, कुछ रोमांटिक, कुछ स्वप्निल, यानी कुल मिलाकर एक गुडी-गुडी बॉय। काफी समय तक आमिर खान की यह छवि बनी रही। अपनी उस छवि में वे अकेले थे, इसलिए, एक फिल्मी नायक के रूप में उन्हें कामयाबी मिलती रही। कामयाबी इस हद तक कि उनकी फिल्में चल निकलें। जिनकी फिल्में चल निकलती हैं और बॉक्स ऑफिस पर नहीं पिटती हैं, वे बॉलीवुड के सेलेबल नायक माने जाते रहे हैं, और आमिर इसमें बहुत पीछे नहीं रहे। बॉलीवुड नायकों में, मेरे ख्याल से आमिर ही एक ऐसे नायक हैं, जिसने अपनी इमेज के प्रति खास ध्यान दिया है। अपने चॉकलेट हीरो इमेज से निकलने के लिए उन्होंने खुद भी काफी प्रयत्न किया और अपने निर्माता-निर्देशकों से भी करवाया। अब तो उनकी वह पुरानी छवि लगभग खत्म ही हो गई है। अपनी छवि बदलने और बेहतर और उसे बेहतर करने की कोशिशें कई बॉलीवुड अभिनेता और अभिनेत्रियां करती हैं, पर यह काम उतना आसान नहीं होता है और न इसमें सबको कामयाबी ही मिलती है। अगर मै सिर्फ बॉलीवुड नायक खानों की बात करूं, तो इमेज कभी इस तरह और इस स्तर पर न शाहरुख का बदला और न सलमान का। हालांकि सैफ अली खान भी इस समय के खास चर्चित नायक हैं, पर मुझे उनका कोई भी इमेज समझ में नहीं आता है। यह

ठीक है कि किसी भी फिल्मी कलाकार को किसी खास इमेज में बंधना नहीं चाहिए, पर यह एक सिद्धांत की ही बात अधिक है, व्यवहार की कम। अपनी भूमिकाओं और अपने अभिनय के मैनरिज्म के चलते एक इमेज बनता ही है और मेरे ख्याल से बनना भी चाहिए। यही इमेज काफी समय तक किसी कलाकार को अन्य कलाकारों से एक हद तक अलग–थलग करता है और उसकी एक पहचान बनती है, जो उसकी लोकप्रियता का प्रमुख कारण भी होता है। कालांतर में उसे सायास अपने चिरपरिचित इमेज से बाहर की फिल्मों में अभिनय करना चाहिए ताकि वह एक ही इमेज में बंधकर न रह जाए और दर्शकों को अपने चहेते हीरो के दूसरे शेड्श भी देखने को मिलें। यदि हम बॉलीवुड के पूर्व के नायकों पर ध्यान दें तो कहा जा सकता है कि अलग–अलग किस्म की किरदारों में आने के बावजूद दिलीप कुमार, राजकपूर, देवानंद, राजेश खन्ना आदि का एक अपना इमेज बना, उसी में उनका विकास हुआ और उसी में उनका अवसान भी। इस इमेज को महसूस करने का सबसे सीधा और सरल उपाय यह है कि नायक का नाम लेते ही उसकी अभिनय शैली भी उसके साथ ही जेहन में उतर जाती है। नायक और उसकी शैली जब एक दूसरे में इतना जज्ब होकर दिख जाते हैं, तो इमेज वाली बात भी स्पष्ट हो जाती है। कहने का तात्पर्य यह है कि कुछ नायक कोशिश नहीं करते हैं और उनका इमेज वही का वही बना रहता है और कुछ कोशिश करते हैं, पर सफल नहीं होते हैं, पर कुछ कोशिश करके कुछ हद तक सफलता पा लेते हैं। आमिर खान इसी तीसरी कोटि में आते हैं।

गजनी इसी का परिणाम जान पड़ता है। यदि इस फिल्म की कहानी की बनावट देखी जाए तो यह आमिर खान के लायक फिल्म है ही नहीं। जब वे इसमें भूमिका निभाते हैं और निभाने के लिए अतिरिक्त श्रम करते हैं, ऊर्जा लगाते हैं, समय देते हैं तो यह समझ लेना आसान नहीं होता है कि अपने को एक अलग इमेज में स्थापित करने का यह एक प्रयास था। फिल्म की कहानी का शुरू का अंश काफी रोमांटिक और एक हद तक घिसा–पिटा ही है, जब अमीर नायक एक समान्य लड़की की अदाओं पर फिदा होकर उससे प्रेम करने लगता है। कहानी में एक मोड़ तब आता है, जब उसकी प्रेमिका मारी जाती है और आमिर यानी कथा नायक संजय सिंह, के सिर पर इस दौरान भारी चोट पड़ती है। इसका घातक परिणाम यह होता है कि वह बहुत जल्द अपनी बातें भूल जाता है। उसे अपनी बात हर हाल में याद रखनी होती है। इसलिए कि

वह उस व्यक्ति को खत्म करना चाहता है, जिसने उसकी प्रेमिका को मार डाला। इसके लिए वह अपने शरीर पर और शरीर से बाहर जगह-जगह अपना मिशन और अपना कार्यक्रम लिखकर रखता है और अंतत: उसे कामयाबी मिलती है।

कथानक की दृष्टि अपने ढंग की एक अलग फिल्म है। अपनी याददाश्त थोड़-थोड़े समय में खोने वाले किसी व्यक्ति की कहानी को लोगों के सामने लाने का काम शायद पहली बार हुआ है और यही इस फिल्म की जान भी है, आमिर खान का अभिनय नहीं। एक नई बात। एक नया अंदाज । एक नई समस्या। मनुष्य का एक नया रूप। उससे जूझने वाले एक व्यक्ति की व्यथा-कथा यह सारा तानाबाना नया है। पर जो इस फिल्म की सबसे बड़ी खूबी है, वही उसकी सबसे बड़ी कमजोरी तब बन जाती है, जब यह जाहिर हो जाता है कि यह सरासर किसी हॉलीवुड फिल्म की नकल है। इस नकल में अकल का काम इतना ही है कि इसे भारतीय माहौल में पेश किया गया है। इतना श्रेय तो निर्देशक को दिया जा सकता है।

फिल्म के आरंभ में दिमाग की बनावट को लेकर जिस ग्राफिक्स का प्रयोग किया गया है, वह अच्छा लगता है इसलिए कि उसका संबंध फिल्म के कथानक के साथ है। फिल्म अपने मध्यभाग तक काफी रोचक और रोमांटिक है। खास कर अमीर संजय और एक विज्ञापन फिल्मों में काम करने वाली लड़की के बीच बनते-पनपते संबंधों को दिखाया गया है। उसमें एक ताजगी है। और यह दृष्टि हल्का-फुल्का रोमांस बेहतर लगता है कि बाद में चलकर फिल्म की कथा को बेहद जटिल और गंभीर तथा आक्रामक होना है। यह कंट्रास्ट एक खूबी है। नायिका आसिन की यह पहली फिल्म है। उसे कोई खास जटिल भूमिका नहीं दी गई थी, पर पहली फिल्म के हिसाब से वह फेल नहीं हुई। इतना भर ही यह फिल्म उसे दे सकी। या कहा जा सकता है कि वह इस फिल्म से हासिल कर सकी। जब कि जिया खान का अभिनय अपेक्षाकृत अधिक सजीव लगता है। शायद इसलिए कि वह अपनी भूमिका में काफी सहज थी। आमिर खान ने भले ही इस फिल्म में अपने नायक इमेज को एक नया आयाम देने और नए मुकाम पर पहुंचाने के लिए खास कसरत की हो, पर कुल मिलाकर वे अपनी क्षमता और अनुभव के हिसाब से इस किरदार में जमते नहीं हैं। भले हीं उन्होंने अपने शरीर को किरदार के लायक बनाया हो, पर वे

उस शरीर में खुद ही फिट कम होते हैं। यहीं आकर यह मानना पड़ता है कि हर भूमिका हर अभिनेता के लिए होती नहीं हैं। आमिर का अपना मानसिक संसार ही इसके अनुरूप नहीं हैं। इसलिए जिस रूप में आमिर को पेश किया गया है, वह हम देख और सराह भले ही लें, उसे अनुभव नहीं किया जा सकता है। इसके विपरीत वे फिल्म के आरंभ में अपने हीरो इमेज में ज्यादा सहज और सुखद लगते हैं। किसी खास किरदार को करने की इच्छा होना और खुद उसके लायक होने में फर्क है और यह फर्क इस फिल्म में दिखता है।

इसके अलावा भी फिल्म में कई कमियों की ओर हमारा ध्यान चला जाता है। आरंभ में जानबूझ कर फिल्म को विभिन्न दृश्य कोलाज में जरूरत से ज्यादा उलझाया गया है, जिसका कोई तुक और तर्क नहीं दिखता है। अपनी प्रेमिका की हत्या के बाद संजय सिंह एक पहलवान किस्म के व्यक्ति में तब्दील हो जाता है, इसलिए कि उसे गजनी को मारना है, बल्कि उसे खत्म करना है, पर एक सॉफ्ट सोफेस्टिकेटेड रईसजादे से एक स्टंटमैन सीरीखे शारीरिक बदलाव की कोई सुदृढ़ प्रक्रिया न मिलती है, न दिखती है, सिवाय इसके कि उसे थोड़ा बहुत कसरत करते दिखला दिया गया है। व्यक्तित्व का यह बदलाव न तर्कसंगत है और न न्यायसंगत। कहीं-कहीं जब कभी फिल्म में वह पुनः संजय सिंह की भूमिका में दिखता है, उसके साथ उसके सहयोगी दो-चार लोग दिखा दिए जाते हैं, जो काफी बचकाना लगता है फिल्म में एक नायक है और एक नायिका है, पर उनका न तो कोई सामाजिक संदर्भ है, न पारिवारिक। फिल्म का नाम गजनी है, जो कि वास्तव में कथा के हिसाब से खलनायक है। यह तो उसी तरह की बात हुई कि शोले फिल्म का नाम गब्बर सिंह रख दिया जाए। फिल्म की सबसे बड़ी कमी यह है कि जिस यादशत की समस्या को फिल्म में रखा गया है उसकी गंभीरता पर जरा भी ध्यान नहीं दिया गया है। हॉलीवुड से एक विषय लेकर उसमें बॉलीवुड मसाला भर दिया गया है, इसलिए यह फिल्म औसत प्रभाव ही डाल पाती है कोई विशेष प्रभाव नहीं। कुल मिलाकर कहा जा सकता है कि फिल्म का आरंभ औसत है, मध्य रोचक है और अंत बॉलीवुडी है। फिल्म में एक नए और नायाब विषय को केवल व्यावसायिक दृष्टि से भुनाया भर गया है। भले ही आमिरखान के फैन्स गजनी से अभिभूत और आह्लादित हों, पर अन्य लोगों के लिए यह महज एक बॉलीवुड फिल्म ही है, उससे अधिक नहीं।

6

तारे जमीं पर:बाल मनोविज्ञान का एक सार्थक दृष्टांत

इस फिल्म ने मुझे व्यक्तिगत रूप से बहुत प्रभावित किया। इस देश की जनता ने, लगभग समाज के हर वर्ग ने इसे देखा और सराहा। यह हिन्दी की एक ऐसी फिल्म है, जैसी सामान्यत: बनती नहीं है। मानसिक रूप से किंचित पिछड़े बच्चे की व्यथा-कथा को सामने लाने वाली एक संजीदा और संवेदनशील फिल्म है। काफी समय बाद हिन्दी में एक ऐसी फिल्म आई, जिसने दर्शकों के एक विशाल वर्ग को किसी न किसी में रूप मे प्रभावित किया। इधर हिन्दी में जो कुछ वर्षो में बेहतरीन फिल्में बनी हैं, उनमें इस फिल्म को शायद बिना किसी विवाद के शमिल किया जा सकता है। इसकी लाकेप्रियता ने इसे ऑस्कर की दौड़ तक भी पहुंचाया, भले ही वहां यह ऑस्कर प्रतियोगिता के चयनित श्रेष्ठ फिल्मों में जगह न बन सकी हो। हमें यह सोचना चाहिए कि ऑस्कर में शामिल हो जाना मात्र बहुत बड़ी उपलब्धि नहीं है और न वहां किसी न किसी स्तर पर छंट जाने भर से उसकी सफलता और सार्थकता संदिग्ध हो जाती है ऑस्कर कोई अंतिम पैमाना नहीं है। वहां तक किसी भारतीय फिल्म का पहुंचना भी एक खुशी और गर्व का विषय जरूर हो सकता है।

आमिर खान ने पिछले कुछ वर्षों में लगान, मंगल पांडे और रंग दे बसंती जैसी अपनी फिल्मों से यह साबित कर दिया है कि वे एक समझदार, परिपक्व और संवेदनशील फिल्मकार हैं। जैसे उनकी अन्य फिल्में किसी न किसी सामाजिक तथा राजनैतिक समस्या को सामने उभारती है, ठीक उसी तर्ज की यह फिल्म भी है। फिल्म का सामाजिक सरोकार बहुत स्पष्ट और सराहनीय है।

फिल्म में कोई बॉलीवुड फॉर्मूला नहीं है। खुद नायक का प्रवेश इस फिल्म में काफी देर से होता है और नायक की कोई नायिका नहीं है, इतना भर इसे आम फिल्मों से अलग करने के लिए काफी है। जिस बच्चे की मानसिक बीमारी को इस फिल्म का विषय बनाया गया है, उस बच्चे की भूमिका याद रखने लायक है। फिल्म का कोई पक्ष सिनेमा कला के लिहाज से औसत से नीचे नहीं है। इसके गाने और खास कर मां को याद करते हुए बच्चे का सम्मोहक गाना तो इस फिल्म में एक मील का पत्थर है। फिल्म का अंत बड़ा ही प्रभावशाली और मार्मिक है, जब अपने प्रिय शिक्षक से मिलने दौड़ कर बच्चा आता है और नायक उसे गोद में उठाकर आसमान की ओर उछालता है। यह प्रतीकात्मक अंत बहुत कुछ कह जाता है और फिल्म अपने मुकाम तक पहुँचने में कामयाब होती है। फिल्म का यह अंत एक नई आशा का संचार करता है और इस तरह के बच्चों को एक नया जीवन देता है।

फिल्म पूरी तरह निर्दोष है, ऐसी बात नहीं है। शायद कोई भी फिल्म कहीं न कहीं थोड़ी आधी-अधूरी रह ही जाती है। एक निर्देशक के रूप में आमिर इसमें काफी हद तक सफल रहे हैं, पर निर्देशकीय कला-कौशल इसमें कहीं उभर नहीं पाता है। यानी एक अच्छी फिल्म बनाते हुए भी एक निर्देशक के रूप में वे कोई विशेष छाप नहीं छोड़ पाते हैं। फिल्म में जिस समस्या को पेश किया गया है, उसका कोई वैचारिक तथा सैद्धांतिक या वैज्ञानिक समाधान की ओर कोई ध्यान नहीं दिया गया है और उनकी जगह केवल भावनात्मक समाधाान हीं पेश किया गया है, जो एक अधूरा समाधान ही हो सकता है। बुनियादी रूप से ऐसे बच्चों के लिए भावनात्मक संबल एक बहुत बड़ा सहारा है, पर वह पूरा सहारा नहीं है। आमिर अपने अभिनय में सफल रहे हैं, पर शायद उनकी जगह कोई अन्य मंजा हुआ, कुछ प्रौढ़ और परिपक्व अभिनेता होता तो उसमें काफी सघनता आती, जो शायद इसे उसी ऊंचाई तक ले जाती। इसे देखते हुए जाने क्यों बार-बार फिल्म-ब्लैक की याद आ रही थी। उसमें समस्या और बड़ी थी, गंभीर भी और उसमें निर्देशकीय कौशल ने उसे इससे कहीं ज्यादा सघन और प्रभावी बना दिया था। इनके बावजूद यह एक ऐसी फिल्म है, जो जेहन से इतनी जल्दी उतरने वाली नहीं है। हिन्दी सिनेमा के सौ वर्षों के इतिहास में, निश्चित रूप से श्रेष्ठ हिन्दी फिल्मों में एक माना जा सकता है। बाल मनोविज्ञान इस फिल्म का सबसे सशक्त आधार है।

7

ट्रैफिक सिग्नल : स्लम का सघन साक्षात्कार

मधुर भंडारकर के सिनेमा संसार को सामने रखा जाए, तो उनकी यह फिल्म, उनकी शेष सभी फिल्मों पर भारी पड़ती है। लिखने को एक लेखक कई रचनाएं लिखता है, पर उनमें से कुछ ही ऐसी होती हैं, जो लेखक की स्मृति को पाठकों के जेहन में लम्बे समय तक बनाए रखती हैं। लगभग यही स्थिति फिल्मकारों की भी है। किसी भी फिल्मकार की न तो हर फिल्म सफल होती है, न सार्थक और सशक्त। इसकी वजह यह है कि कई बार इच्छा से, कई बार दबाववश और कई बार अपना इमेज बनाए रखने के लिए भी वे फिल्में बनाते हैं। हर बार उनके फिल्म निर्माण के पीछे अलग-अलग कारण हो सकते हैं। इन कारणों पर फिल्म की सफलता निर्भर करती है। उसी के अनुपात में उसकी सफलता और असफलता भी तय होती है। मधुर ने अब तक जितनी भी फिल्में बनाई हैं, उनकी चर्चा जरूर हुई है। भले किसी की कम तो किसी की ज्यादा। शायद ही उनकी कोई फिल्म अब तक अचर्चित रही हो, इतना भी एक फिल्मकर के लिए कम बड़ी उपलब्धि की बात नहीं है। उनकी तीन फिल्मों को यदि मुझे चुनने के लिए कहा जाए और एक क्रम देने की बात हो तो मैं सबसे निचले पायदान पर उनकी फिल्म चांदनी बार को रखना चाहूंगा। दूसरे पर पेज थ्री को और पहले पायदान पर ट्रैफिक सिग्नल को। कारपोरेट और फैशन उनकी औसत अच्छी फिल्में हैं और ये तीन फिल्में औसत से अच्छी फिल्में हैं। कारपोरेट की जो दुनिया है, वह हिन्दी सिनेमा के लिए कोई नया नहीं है। फैशन में मधुर अपनी अलग छाप नहीं छोड़ पाए। वे शायद खुद इसके

शिकार बन गए। कंगना अपनी भूमिका में जरूर प्रभावित करती है, पर फिल्म का शेष सब कुछ बहुत सामान्य है। यों तो चांदनी बार भी कोई अनोखा और अछूता विषय, हिन्दी सिनेमा के लिए नहीं है, पर मधुर उसे निभाने में काफी कुशल रहे। पेज थ्री बेशक उनकी एक अच्छी फिल्म है,जो मीडिया की भूमिका पर एक सवाल खड़ा करती है। उनकी फिल्म ट्रैफिक सिग्नल सबसे दमदार और जानदार फिल्म है। इसे मैं मधुर भंडारकर की अब तक कि सर्वश्रेष्ठ फिल्म मानता हूं। न केवल इतना भर, बल्कि इसे मैं हिन्दी सिनेमा का अपने विषय के लिहाज से एक मील का पत्थर मानता हूं। इस तरह की मान्यता के पीछे कई कारण हैं।

पहला यह कि अपने विषय और सामाजिक क्षेत्र की एक मुकम्मल फिल्म है। यानी फिल्म देखने पर स्लम मे रहने वालों की एक पूरी दुनिया हमारे सामने आती है, आधी-अधूरी नहीं। हम उस समाज को करीब से देख सकते हैं, उन्हें स्पर्श कर सकते हैं, उन्हें अनुभव कर सकते हैं और उनकी जिन्दगी के दुःख-सुख में शामिल हो सकते हैं यानी उनकी दुनिया को जी सकते हैं। यह इस फिल्म की बड़ी ताकत है। कोई फिल्म जब हमें अपने साथ शामिल करने में कामयाब हो जाती है तो, वह फिल्म की भी कामयाबी बन जाती है। इस रूप में मधुर इसमें सबसे कामयाब फिल्मकार के रूप में दिखते हैं। दूसरा यह कि स्लम को लेकर मीरा नायर की फिल्म-सलाम बाम्बे, पूरी तरह उनकी जिन्दगी को उभारने वाली फिल्म नहीं थी। उसमें बच्चों के बड़ों की जिन्दगी के कशमकश को समानांतर पेश किया गया था, लेकिन यदि मधुर की इस फिल्म पर गौर किया जाए तो वह बड़ों से अधिक स्लम के बच्चों की कहानी कहती है। एक वयस्क फिल्म के रूप में यह जितनी सफल है, एक बाल फिल्म के रूप में भी उतनी ही सार्थक है। इसमे स्लम के बच्चे तरह-तरह के धंधों में शमिल होकर, हमें अपने वजूद के होने का भरपूर एहसास दिलाते हैं। उनसे एक संवाद कायम होता है। यहीं, यह फिल्म, सलाम बाम्बे से आगे जाती है। उसे विस्तार और गहराई देती है और उसे जिन्दगी के कड़वे यथार्थ के साथ जोड़ती है।

इसका कथानक, इसका सबसे बड़ा आधार है। इसका शीर्षक पूरी फिल्म पर छाया रहता है। इतना कारगर और असरदार शीर्षक बहुत कम फिल्मों में मिलता है। यह कहानी, इसके पात्र और उनकी समूची दुनिया, एक

चौराहे के इर्द, गिर्द, ट्रैफिक सिग्नल से जुड़ी हुई है। मानो वह उनकी लाइफ लाइन हो। उसके साथ ही उनका सोना-जागना, उठना-बैठना, बोलना-बतियाना होता है। ट्रैफिक सिग्नल में लाल बत्ती के जलते ही, सारे लोग रूकी हुई गाड़ियों के आसपास जुट जाते हैं, कुछ मिल जाने की उम्मीद में, पर हमेशा पैसे ही नहीं मिलते हैं, कई बार झिड़कियां मिलती हैं, डांट-डपट मिलती है, गंदी और हिकारत भरी नजरें मिलती हैं। आलीशान गाड़ियों में बैठे लोग उन्हें किसी बजबजाते गंदी नाली के बिबिलाते कीड़े-मकोड़ों की तरह देखते हैं। यह है हमारा विषम समाज। एक ओर भरपूर ऐश्वर्य है और दूसरी और जलालात की जिन्दगी जीने-मरने वाले लोग हैं जिनके जीने और मरने के बीच बस जरा सा ही फासला है। सांसें चलने और सांसें बंद होने का फासला भर। कब चल रही है और कब रुक गई है, पता तक नहीं चल पाता है इसके बावजूद जिन्दगी को भरपूर जीने की ललक है, माद्दा है, जिजीविषा है। वाकई एक कमाल की जीवित और जीवंत फिल्म बनाई है, मधुर ने।

किसी भी प्रबुद्ध दर्शक और अलोचक ने स्लम डॉग मिलेनियर को ऑस्कर मिलने पर उसे न्याय संगत नहीं माना। वह एक अंग्रेज की फिल्म हो सकती है, पर भारत के नाम पर उसे पुरस्कार मिलना इस देश के सिनेमा जगत का सबसे बड़ा कलंक है। वास्तव में उसमें, स्लम के लोगों को डॉग्स की तरह ही दिखाया गया है, लेकिन मधुर ने उसी जिन्दगी को एक मानवीय गौरव दिया, गरिमा दी। वो भी बिना किसी स्टार कास्ट के। वे इसके पीछे भागते भी नहीं हैं और फैशन ने उन्हें अच्छा सबक भी सिखला दिया है। खासकर ट्रैफिक सिग्नल के बाद बनी उनकी इस फिल्म ने उनकी पिछली फिल्मों के प्रति धारणा-अवधारणा को कुछ सीमित ही किया है। ऐसी बात नहीं है कि किसी फिल्मकार की एक असफल फिल्म, सिर्फ उसी फिल्म की असफलता रह जाती हो। उसका असर उसकी पिछली और अगली फिल्मों पर भी पड़ता है। साथ ही फिल्मकार के इमेज पर भी। फैशन यदि ट्रैफिक सिग्नल से पहले बनी होती तो शायद वह और अधिक समय तक अपना प्रभाव बनाए रख पाती, लेकिन बाद में बनने की वजह से उसने उसे कुछ तो नुकसान पहुंचाया ही है।

अब मधुर को ठहरकर सोचना होगा कि बस एक के बाद दूसरा, सामाजिक वर्ग बदल-बदल कर फिल्म बनाना मात्र उनका लक्ष्य है या कि हर बार एक नए समाजिक क्षेत्र को एक्सप्लोर करते हुए, एक बेहतर फिल्म

बनाना। यह वे करते हैं तो, भारत के श्रेष्ठ फिल्मकारों में उनकी गिनती बनी रहेगी, बरकरार रहेगी अन्यथा उनकी स्तरीयता का ग्राफ गिरता रहा, तो वे बॉलीवुड के अनेकों निर्देशकों में एक भर रह जाएंगे। किसी ऊंचाई पर पहुंचना कठिन है, उस ऊंचाई को बरकरार रखना और भी जटिल है, लेकिन गिरावट की कोई सीमा नहीं है। वह जल्दी होती है और ज्यादा भी। अब उन्हें सावधानी बरतनी चाहिए। अब तक वे हिन्दी सिनेमा की, एक फिल्मकार के रूप में हमारी थाती हैं, और इसे बचाना तथा बढ़ाना उनकी जिम्मेदारी है। बहरहाल हमें उनकी अगली और नई फिल्म की प्रतीक्षा रहेगी। अपनी फिल्म निर्माण की क्षमता से उन्होंने हमें प्रतीक्षा का धैर्य दिया है। उनकी बाद की फिल्में दिल तो बच्चा है जी, एक कॉमेडी फिल्म है और वह मधुर की फिल्म दृष्टि के विरोध में पड़ती है। फिल्म औसत है, पर एक कॉमेडी फिल्म के रूप में साफ सुथरी है। यह फिल्म किसी भी आधार पर मधुर के निर्देशकीय करियर में बहुत जोड़ती नहीं है, भले ही कुछ घटाती न हो। उनकी अगली फिल्म हीरोइन जरूर एक गंभीर और सफल फिल्म है, जो फिल्म दुनिया के ग्लैमर के बीच संघर्ष को दर्शाती है और एक बार फिर निर्देशक के सामाजिक सरोकार को भी स्पष्ट करती है, इसके बावजूद उनकी बाद की ये फिल्में भी ट्राफिक सिग्नल के ना आगे जाती हैं स्लम और समानांतर पहुंचती हैं।

8

अ वेडनेस डे : आतंकवाद के विरूद्ध एक अभियान

इसमें कोई संदेह नहीं है कि यह एक अच्छी और अंत में एकाएक चौंकाने वाली फिल्म है। फिल्म का क्लाईमैक्स, लगभग एक झटके से आखिर में आता है और टिक जाता है। फिर वही पूरी फिल्म की ताकत बन जाता है। इस दृष्टि से अलग-थलग और एक हद तक एक विशिष्ट फिल्म बनती है। पूरे समय दर्शक इस भ्रम का शिकार रहता है कि एक आतंकवादी ने समूचे पुलिस महकमे को अपनी गिरफ्त में ले लिया है और अपने कुछ बंदी साथियों को छुड़ाने की शर्त उसने रखी है, अन्यथा वह नगर के कई इलाकों को अपने विस्फोटों से तबाह कर डालेगा। पुलिस विभाग से लेकर मंत्रिमंडल तक एक हडकंप मच जाता है और भगदड़ तथा अफरा-तफरी का माहौल बन जाता है। आतंकवादी के इस सरगने की शर्त मानकर जब उन आतंकवादियों को जेल से रिहा कर दिया जाता है, तब वही व्यक्ति जो इतनी देर तक इस पूरे ऑपरेशन को चला रहा था, खुद छूटे हुए आतंकवादियों को अपने बम का शिकार बना कर मार डालता है, जिसे अब तक सरकार कोई सजा नहीं दे सकी थी, सिवाय उन्हें जेल में बंद रखने के तभी यह बात अचानक सामने आती है कि निकम्मी सरकार और अनिश्चित राजनैतिक तंत्र से आजिज आकर एक व्यक्ति ने खुद यह सारी हाईटेक योजना बनाई और आतंकवादियों का सफाया कर दिया। वह व्यक्ति इस समाज का वह आम आदमी है जो कभी भी, कहीं भी, किसी भी समय अेतंकवाद का शिकार होकर बेमौत मारा जा रहा है। यानी वह आतंकवादियों के खिलाफ, उनके खात्मे के लिए उन्हीं के तौर-तरीके और

औजारों-तकनीकों को इस्तेमाल करता है। इस तरह यह फिल्म अन्य सभी फिल्मों से अलग और असरदार बन जाती है। पुलिस आई. जी. अंत आते तक यह समझ जाता है कि वह आदमी कौन है, पर उसे पकड़ने की जगह उसे जाने की छूट देता है। शायद इसलिए भी जब सरकारी मशीनरी फेल हो जाती है, तो संभवत: ऐसे ही सीधे और कारगर उपाय शेष रह जााते हैं। राजनेता जब अपनी ही चालों में रहते हैं, सरकारें पंगु हो जाती हैं तो और क्या उपाय बच जाता है, सिवाय इसके कि एक आम आदमी आतंकवाद के खिलाफ खुद उठ खड़ा हो। उन्हीं की चाल से, उन्हीं के इस खूनी खेल में, उन्हें ही मात दे। यह इस फिल्म की कहानी का एक नया और लगभग अप्रत्याशित तथा विचारणीय मुद्दा है। फिल्म की ताकत उसके उस मेसेज में है कि आखिर कब तक जनता एक ओर राजनेताओं तथा राजनीतिक पार्टियों और दलों की गंदी-घिनौनी चालों और आतंकवादियों के इस बर्बर, खूनी, हिंसक तथा आमनवीय खेलों को बर्दाश्त करती रहेगी। कभी तो यह घड़ा फूटेगा या कभी तो इसे फूटना ही होगा। फिल्म यह घड़ा फोड़ने का काम करती है। भले ही यह कुछ अविश्वसनीय लगे, पर आज का यह झूठ कल के सच में भी बदल सकता है, क्योंकि उसमें सच की संभावनाएं मौजूद हैं और उस सच तक पहुंचने की जरूरत भी।

यह बेशक एक अच्छी फिल्म है। फिल्म का संपादन इतना कसा हुआ है कि फिल्म भी सामान्यत: पकड़ से बाहर नहीं जाती है कि फिल्म के पहले हिस्से की तुलना में दूसरे हिस्से में गति अधिक और अच्छी है। उसकी पकड़ मजबूत होती है, पर पहला हिस्सा कुछ और कहीं-कहीं ढीला जरूर लगता है। मुझे निश्चित रूप से नहीं पता है कि यह फिल्मकार की पहली फिल्म है या नहीं, अगर पहली है तो निश्चय ही सराहनीय है। फिल्मकार के पास पहले से ही एक सुनिश्चित और सुदृढ़ अंत तैयार है और वह पूरी कहानी के ताने -बाने का कुछ इस तरह उस अंत की ओर ले जाता है कि शुरू में या फिर बीच में भी हमारी पकड़ से कुछ छूटते हुए भी अंत में वह अपने लक्ष्य तक हमें पहुंचाने में सफल होता है। शायद अंत का पकड़े रहने और वहां तक कथानक को ले जाने और साथ ही कथानक में कौतूहल को बनाए रखने के चक्कर में, वह आरंभ में कहानी को कुछ अनावश्यक रूप से उलझाता है, जैसे दृश्यों का एक जाल फेंक रहा हो, दर्शकों को फंसाने के लिए। उसे शायद उस हद तक

भी उलझाने के जरूरत नहीं थी। फिल्म की खूबी यह है कि इधर बॉलीवुड में जिस नए सिनेमा का आरंभ हुआ है, यह उसकी एक मजबूत कड़ी है और साथ ही बॉलीवुड मिर्च-मसाले से मुक्त है। उतना ही नहीं बल्कि आतंकवाद की समस्या पर हाल के वर्षों में जितनी भी फिल्में बनी हैं, उन सबसे अच्छी नहीं होते हुए भी अलग जरूर है। इसमें सीधे-सीधे आतंकवाद के खिलाफ आम आदमी को खड़ा करने की कोशिश की गई है। जिस तरह कुछ समय पूर्व मुंबई में जबरदस्त आतंकी हमले हुए, उसकी काट ऐसा ही कुछ हो सकता है, जिसका इशारा इसमें किया गया है। इसमें कोई शक नहीं है कि किसी भी शहर का एक आम आदमी ही आज आतंकवाद का सबसे बड़ा शिकार बन रहा है। वह सड़कों, मोहल्लों, गलियों, चौराहों पर सरेआम और दिन-दहाड़े बेमौत मारा जा रहा है। जब तक वह कुछ इसी तरह का निदान नहीं ढूंढेगा तब तक इसका कोई समाधान भी नहीं निकलेगा

इस फिल्म के दो मजबूत अभिनय स्तंभ हैं-नसीरुद्दीन शाह और अनुपम खेर। दोनो ने इसमें अपनी भागीदारी बेहतरीन रूप में निभाई है। इन्हीं के कंधों पर पूरी फिल्म का भार भी है। अंत में चौकाने वाली फिल्मों के साथ जोखिम जुड़ा होता है, इसलिए ऐसा जोखिम नहीं लेकर कथानक को एक बेहतर ग्राफ के साथ आगे ले जाना अच्छा होता है, पर इस फिल्म में जोखिम बड़ी आसानी से टल गया, पर जोखिम तो जोखिम ही होती है, यह निर्देशक को समझना चाहिए। कई बार ऐसी फिल्में अपनी जोखिम का शिकार खुद बन जाती हैं। फिल्म में रोजमर्रे के जीवन में आतंक के साए में जीने-मरने वालों की एक अंतिम कोशिश क्या और कैसी हो सकती है, यहां तक तो ठीक है, पर उसके लिए पहले से इसकी जो बुनावट चाहिए, वह नहीं है इसीलिए अंत में एक झटका लगता है। कहने का अर्थ इतना ही है कि इस अंत की तैयारी क्रमशः होती और एक आश्वस्तकारक पृष्ठभूमि के साथ होती तो फिल्म ओर परिपक्व मानी जाती। एक गैप नहीं महसूस होता न ही एकाएक एक उछाल या छलांग ही दिखलाई पड़ते। शायद यह अच्छा होता फिल्म के हित में कि नसीर के चक्रव्यूह से इसकी शुरुआत होती और वहीं इसका अंत भी, शेष पूरी कथा का तानाबाना बीच का होता, भले ही फ्लैश बैक के रूप में होता। तकनीकी दृष्टि से यह कुछ कमजोर लगती है, पर इसका कथ्य इतना दमदार है कि इसकी सारी कमियां ढंक-दब जाती हैं। ऐसी फिल्मों का हिन्दी जगत में भरपूर स्वागत किया जाना चाहिए।

बॉलीवुड में जिस नयी, ताजी, सामयिक और विचारणीय फिल्मों की जो बयार चली है, उसका और भी जोरदार स्वागत होना चाहिए, क्योंकि यह फिल्म इसी बयार का एहसास कराती है। बीच में कुछ चर्चा आई थी कि इसे ऑस्कर नॉमिनेशन के लिए भेजा जा रहा है, वह कहां तक सही है, यह तो पता नहीं, पर वह कहां तक उचित होता, यह सवाल जरूर उठता है। मेरे विचार से यह उसके लायक नहीं है।

9

रंग दे बंसती : युवा मनोविज्ञान की सामाजिक अर्थवत्ता

आमिर खान के व्यक्तित्व में दो स्पष्ट पक्ष मिलते हैं। उनका एक व्यक्तित्व है, बॉलीवुड नायक का। एक लोकप्रिय नायक के रूप में उनका अपना इमेज है और उनके अपने फैन हैं। कुल मिलाकर हम उन्हें एक सफल फिल्मी नायक मान सकते हैं। नायक के रूप में उनका ग्राफ लगातार चढ़ता ही रहा है भले ही वे दिलीप कुमार, राजकपूर, देवानंद, राजेश खन्ना और अमिताभ बच्चन की तरह हिन्दी सिनेमा के असाधारण सफल नायक न भी हों, पर आज के सिनेमा के तीन मशहूर नायक खानों में , शाहरुख खान और सलमान खान के समानांतर एक बॉक्स ऑफिस हीरो जरूर हैं। उनके व्यक्तित्व का दूसरा पक्ष है, एक निर्माता और निर्देशक का पक्ष। इसमें उन्होंने महारत जरूर हासिल की है। निर्माता के रूप में उनकी फिल्में-लगान, मंगल पांडे और रंग दे बसंती ने फिल्म जगत में एक हलचल-सी जरूर मचाई है। ये तीनों ही फिल्में है, जिसने देश से विदेश तक भारतीय सिनेमा को एक बहुत ऊंचे मुकाम तक पहुंचाया है। भले ही इस फिल्म को ऑस्कर न मिला हो, लेकिन यह फिल्म अपने कथ्य और शिल्प में एक ऐसी फिल्म है, जिसे मील का पत्थर माना जा सकता है। यह भारतीय सिनेमा की क्लासिक परंपरा की एक बेहतरीन फिल्म है।

उनकी फिल्म-रंग दे बसंती अपने ढंग की एक अनोखी और मनोवैज्ञानिक फिल्म है। आमिर खान की तीनों फिल्मों को एक फिल्म-त्रयी के रूप में भी

देखा जा सकता है। मंगल पांडे पूरी तरह आजादी की लड़ाई को दर्शाने वाली, 1857 की गदर पर आधारित फिल्म है। यहां से आजादी को लेकर आमिर खान की भावना की शुरुआत होती है। लगान में इसका विकास इस रूप में होता है कि गांववासी, अंग्रजों से क्रिकेट के खेल में मुकाबले के लिए न केवल उनकी चुनौती स्वीकार करते हैं, बल्कि उन्हें हराकर देश की एकता और अंखड़ता की एक नायाब मिसाल भी कायम करते हैं। यानी आजादी के जो बीज रंग दे बंसती-मगल पांडे में पड़ते हैं, वे लगान तक आकर एक भरी पूरी फसल के रूप में दिखलाई पड़ते हैं। लेकिन यह आजादी एक बार फिर देश के देशी हुक्मरानों के हाथों जब कैद हो जाती है, तो उसे एक तरह से नई और सुदृढ़ आजादी दिलाने का स्वप्न लेकर वे रंग दे बसंती फिल्म बनाते हैं। जिस तरह मंगल पांडे, अंग्रेजों को मारता है, जिस तरह गांव के भोलेभाले लोगों से, एक खेल में अंग्रेज हार गए, वह सबक अतीत का था और पूरा भी हुआ, पर रंग दे बसंती का वर्तमान सबक अभी बाकी है। वे घटनाएं अंजाम ले चुकी थीं, इसे अभी अंजाम तक पहुंचाना है। आजादी को इस अंजाम तक पहुंचाने का संदेश ही खासकर आज की युवा पीढ़ी को, फिल्म देती है। वे दोनों अतीत से वर्तमान तक की फिल्में थीं और यह वर्तमान से लेकर भविष्य तक की फिल्म हैं।

फिल्म की जो कथा है, उसके विकास क्रम पर ध्यान दिया जाए, तो स्पष्ट हो जाता है कि जो युवक खिलंदडे थे, मनमौजी थे, गैर जिम्मेदार थे, वे क्रमशः विद्रोही युवकों में तब्दील हो जाते हैं। उनके चरित्रों का यह मनोवैज्ञानिक स्थानांतरण, फिल्म का सबसे मजबूत पक्ष है। यह मुमकिन इसलिए होता है कि उनकी एक विदेशी मित्र, भारतीय इतिहास के उस दौर की फिल्म बनाना चाहती है, जिसमें चंद्रशेखर आजाद, भगत सिंह, राजगुरू और बिस्मिल जैसे क्रांतिकारी युवाओं ने ब्रिटिश हुकूमत की नाक में दम कर रखा था और उनका जीना हराम कर दिया था। भले ही उन्हें फांसी की सजा मिली हो, पर वे आजादी के लिए कुर्बान होने वाले युवाओं के मसीहा बन गए थे। इस फिल्म के निर्देशक को कुछ युवाओं की जरूरत होती है और आमिर खान तथा उसके कुछ मनचले हुल्लड़बाज दोस्तों को वह आजादी के उन लालों की भूमिकाएं देती है। आरंभ में वे अलग दिखते हैं ओर उनकी भूमिकाएं अलग, लेकिन धीरे-धीरे वे सभी युवक अपनी भूमिकाओं में इस तरह डूबने लगते हैं, उनमें

इतने गहरे उतरने लगते हैं और उनके चरित्रों को इस हद तक आत्मसात् करने लगते हैं, कि खुद को भूल कर वे उन्हीं की मनःस्थिति में आ जाते हैं। और तब उनकी पहचान में यह आता है कि भले ही हम अंग्रेजों से आजाद हो गए हों, पर आज उन्हीं की परंपरा के देशी शासकों की गुलामी में खट रहे हैं। तब वे एक भ्रष्ट नेता को मार डलते हैं, ठीक उसी तरह, जिस तरह तब उन देश के सपूतों ने अंग्रेजों को मारा था।

फिल्म की खूबी यह है कि पहले उन युवकों को निहायत मौजमस्ती वाले आधुनिक युवाओं के रूप में पेश किया गया, पर कालांतर में वे उन युवाओं में तब्दील होते गए, जिन्होंने इस देश को आजादी दिलाने में एक अहं भूमिका अदा की थी। यह जो अब और तब का कंट्रास्ट है, वह फिल्म का सबसे जानदार और दमदार पक्ष है। फिल्म में एक दृश्य आता है कि उस समय की वीरांगना दुर्गाबाई एक ओर कह रही है मारो! और दूसरी ओर आज के युवा एक बेईमान और बदजात रक्षामंत्री की हत्या कर देते हैं। फिल्म में अतीत और वर्तमान का ऐसा अदभुत सामंजस्य पैदा किया गया है कि दाद देनी पड़ती है। फिल्म में मिग के कलपुर्जों की खरीद में एक राष्ट्रीय घोटाले का संकेत करके यह स्पष्ट कर दिया गया है कि सरकार केन्द्र में चाहे जो हो, पर ऐसे घोटाले न केवल शर्मनाक हैं, बल्कि देशद्रोह से कम नहीं हैं। इस फिल्म के कई तरह के कंट्रास्ट को बखूबी उभारा गया है। एक ओर आज के गैरजिम्मेदार युवा हैं तो दूसरी ओर भ्रष्ट और बुजुर्ग नेता। एक ओर देश की आजादी के लिए मर मिटने वाले युवा हैं, तो दूसरी ओर बेरहम अंग्रेज। एक ओर हिन्दू और मुस्लिम में कहीं एका है तो दूसरी ओर परस्पर शत्रुता का भाव। एक ओर जात-पांत और धर्म-संप्रदाय से ऊपर उठकर जीने वाले लोग हैं तो दूसरी ओर भगवा लहराकर लोगों को भरमाने वाले कार्यकर्ता। इस तरह विभिन्न बेमेल के बीच, जो तालमेल इस फिल्म में बैठाया गया है, वह लाजवाब है।

फिल्म का लगभग हर पक्ष काफी संतुलित और सामंजस्य पूर्ण है न कहीं कुछ कम है, न कहीं कुछ अतिरिक्त। फिल्म का संगीत बहुत प्रेरणादायक है। उसमें एक स्पष्ट आह्वान है। एक समय देश के युवाओं ने, इस देश को अंग्रेजों की गुलामी से मुक्त करने के लिए, अपने चोलों को बसंती रंग में रंगा था और वह आजादी का रंग लाने में कामयाब भी हुआ था, लेकिन फिल्म खासकर आज के स्वकेन्द्रित युवाओं का आह्वान पुनः करती है कि फिर एक

बार अपने चोलों को रंगने को जरूरत आ गई है, क्योंकि आज के हमारे शासक भी, यहां की आम जनता के लिए, ब्रिटिश शासक ही प्रमाणित हो रहे हैं। यह फिल्म आजादी के संघर्ष को लेकर आमिर खान की बनाई अन्य फिल्मों की सबसे आधुनिक और सबसे महत्वपूर्ण कड़ी है। युवाओं को सीधे राष्ट्र की मुख्य धारा से जुड़ने और देश का सर्वनाश करने पर तुले नेताओं के विरुद्ध आह्वान करने वाली इससे सार्थक फिल्म शायद ही कभी बनी हो। इसमें कहीं भी न तो बॉलीवुड फार्मूला है और न बॉक्स ऑफिस के लटके-झटके। यह एक सीधी-सच्ची फिल्म है, जो हमारे दिलों में जितने गहरे उतरती है, दिमाग को भी उतने ही जोरदार तरीके से झकझोरती है। भावुकता पूर्ण ढंग से हृदय परिवर्तन को लेकर शायद हजारों फिल्में बनी हैं, लेकिन वैज्ञानिक और मनोवैज्ञानिक रूप में हृदय परिर्वतन करने वाली यह फिल्म उन सबसे अलग, अनूठी और अखुत फिल्म है। इस विषय पर हमारे देश में जो श्रेष्ठ फिल्में बनी हैं, उनमें रंग दे बसंती का स्थान बहुत ऊपर दिखता है

10

मुन्नाभाई एम.बी.बी.एस. : अर्थात् जादू की झप्पी

मुन्नाभाई एम.बी.बी.एस. पिछले एक दशक में लोकप्रिय फिल्मों में एक मानी जाती है। यह फिल्म जितनी मनोरंजक है, उतनी ही रोचक और उद्देश्यपूर्ण भी है। फिल्म की संरचना हास्यमूलक है, परंतु इसकी ध्वनि व्यंग्यात्मक है, जो इस फिल्म को काफी लोकप्रिय और महत्वपूर्ण बना देती है। यह मात्र लोकप्रिय ही नहीं, बल्कि अपने समय की एक अति लोकप्रिय फिल्म मानी जाती है। हिन्दी सिनेमा के सभी तरह के दर्शकों तक पहुंचने में यह फिल्म सफल रही। यह मूलतः एक फैंटेसी है, जो कई जगह तर्क से परे हो जाती है, पर अपनी संरचना में यह इतनी असरदार है कि फैंटेसी ही इसकी रियालिटी बन जाती है। इस फिल्म की बनावट और बुनावट में इतनी रोचकता, मनोरंजकता और उपयोगिता है कि किसी भी स्तर और वर्ग का दर्शक इसका आनंद लेता है। बहुत कम फिल्में ऐसी बनती हैं, जो दर्शकों के एक विशाल वर्ग के बीच समान रूप से लोकप्रिय हों। ऐसी फिल्मों में इसकी भी गिनती होती है। इसकी कथा-कल्पना ही आम फिल्म से अलग और आकर्षक है। फिल्म देखते हुए दर्शकों का एक बड़ा वर्ग इसका एक हिस्सा बन जाता है, मानो वह भी उसमें कहीं सम्मिलित हो। इस तरह का जुड़ाव कम ही फिल्मों में मिलता है। फिल्म कहीं भी दर्शकों पर भारी नहीं पड़ती है। बड़े मजे से चलती है। दर्शकों को हर स्तर पर उनका मजा लेने का भरपूर मौका भी देती है। मुन्ना भाई की लोकप्रियता से यह बात स्पष्ट हो जाती है कि यदि कहानी में कुछ नया परिचय हो, रोचकता और मनोरंजकता हो तो उसका गंभीर उद्देश्य भी बड़ी सहजता से

दर्शकों तक संप्रेषित हो जाता है। यह फिल्म एक आमेरिकन फिल्म-पैच एडेम्स, से प्रेरित है, लेकिन फिल्म को भारतीय परिवेश में विशेषकर चिकित्सा की दुनिया में बड़े कारगर रूप में ढाला गया है। कहीं से भी फिल्म पर किसी विदेशी फिल्म के प्रभाव की कोई छाया नहीं मिलती है। सफल तो कई फिल्में कई कारणों से होती हैं लेकिन यह आवश्यक नहीं होता है कि सफल फिल्म लोकप्रिय भी हो, बॉक्स ऑफिस पर भी सफल हो और अपने उद्देश्य में भी व्यावहारिक हो। इस सीमा तक व्यावहारिक कि चिकित्सा की पढ़ाई और प्रणाली पर पुनर्विचार करने के लिए प्रेरित करे और व्यक्ति को अपनी ही बीमारियों के संबध में एक दृष्टि दे तथा उससे भी बढ़कर उसे आत्मनिर्भर बनने की सीख भी दे । इन सारे संदर्भों में यह फिल्म न केवल सफल मानी जाती है, बल्कि उतनी ही सार्थक भी। यह फिल्म निर्माता के रूप में विधु विनोद चोपड़ा और निर्देशक के रूप में राजकुमार हिरानी के सफलतम फिल्मों में एक मानी जाती है। सन् 2003 में निर्मित फिल्मों में सफलता की दृष्टि में यह एक मील का पत्थर बन चुकी है। आज भी लोग इस फिल्म का आनंद उसी तरह से उठाते हैं, जैसे तब उठाते हैं। इस फिल्म के निर्माता विधु विनोद चोपड़ा हैं और इसके निर्देशक राजकुमार हिरानी। इसके पटकथा लेखक, विधु विनोद, राजकुमार और अब्बास टायरवाला। इसकी मुख्य भूमिकाओं में, संजय दत्त, अरशद वारसी, जिम्मी शेरगिल सुनील दत्त, ग्रेसी सिंह और बोमन ईरानी आदि हैं तथा कुछ अन्य भूमिकाओं में, रोहिणी हट्टगंडी, कुरूश दुबे यतीन कारयेकर, नेहा दूबे तथा मैमथ खान आदि हैं। इसमें संगीत दिया है, अनु मलिक ने और इसके छायाकार विनाद प्रधान हैं। संपादन का कार्य स्वयं राजकुमार हिरानी ने ही किया है। विनोद चोपड़ा प्रोडक्शन्स के बैनर तले बनी यह फिल्म 19 दिसम्बर 2003 को रिलीज हुई थी।

संक्षेप में इसकी कथा यह है कि मुन्ना भाई (संजय दत्त) एक गुंडा है और उसके कुछ गुर्गे हैं, जिनमें सबसे प्रमुख है सर्किट (अरशद वारसी)। उनका काम ही है, अवैध तरीके से लोगों को डरा-धमका कर पैसा कमाना, उनका अपहरण करना और फिरौती की रकम वसूल करना आदि। वे कोई पहुंचे हुए शातिर अपराधी, खूनी या माफिया नहीं हैं लेकिन छोटे-मोटे अपराधों के जरिए पैसा कमाना ही उनका मुख्य धंधा है। मुन्ना भाई का वास्तविक नाम है, मुरली प्रसाद शर्मा और उनके पिता हरि प्रसाद शर्मा (सुनील दत्त) एक

ईमानदार और शरीफ इन्सान हैं, जिनकी बड़ी इच्छा थी कि उनका बेटा डॉक्टर बने। वे और उनकी पत्नी पार्वती (रोहिणी हट्टगंडी) गांव में रहते हैं। कभी-कभी बेटे से मिलने शहर आते हैं। उन्हें धोखे में रखते हुए जब भी वे आने को होते हैं मुन्नाभाई अपनी गुंडागर्दी के अड्डे को एक अस्पताल में बदल देता है ताकि उसके माता-पिता को यह भ्रम रहे कि वह सचमुच डॉक्टर बन चुका है और मरीजों की सेवा के माध्यम से मनुष्यों की सेवा में लगा हुआ है। जब वे गांव लौट जाते हैं, तब श्री.हरिप्रसाद शर्मा चैरिटेबल हॉस्पिटल का बोर्ड हटा दिया जाता है, डॉक्टर, मरीज, दवा इलाज का नाटक बंद कर दिया जाता है और अपनी गुंडागर्दी पर वे वापिस लौट आते हैं। इसी तरह जब एक बार यह सूचना मिलती है कि मुन्ना के मां-बाप आने वाले हैं, अड्डे को अस्पताल में युद्ध स्तर पर बदल दिया जाता है और नाटक शुरू हो जाता है। इस बार संयोग से हरिप्रसाद की भेंट सुबह की सैर के समय डॉ. अस्थाना (बोमन ईरानी) से होती है, जो एक दूसरे से पूर्व परिचित निकलते हैं। डॉ. अस्थाना एक प्रसिद्ध चिकित्सा महाविद्यालय के प्रमुख हैं। बातों में यह भी स्पष्ट होता है कि मुन्ना के बचपन की सखी चिंकी अब बड़ी हो चुकी है। पिता के अस्पताल में डॉक्टर है तथा उसके लिए अस्थाना एक योग्य वर की तलाश में हैं। हरिप्रसाद यह बताते हैं कि उनका पुत्र भी बड़ा हो चुका है वह भी डॉक्टर है और एक निजी अस्पताल चलाता है। पुराने परिचय को शादी के रिश्ते में बदलने के लिए वे मुन्ना को लेकर डॉ. अस्थाना के घर आते हैं। तब तक किन्हीं सूत्रों से अस्थाना को यह जानकारी हो जाती है कि मुन्ना एक फ्रॉड है और उसका मुख्य धंधा गुंडागिरी है। यह बात उनके मिलने पर स्पष्ट हो जाती है और मुन्ना अपनी असलियत स्वीकार कर लेता है। उस समय जानबूझ कर ही अस्थाना अपनी बेटी को उनके सामने नहीं लाता है। इस तरह मुन्ना चिंकी यानी डॉ. सुमन (ग्रेसी सिंह) को न देख पाता है और न मिल पाता है। अस्थाना उन्हें अपमानित करके अपने घर से निकाल देता है और मुन्ना के माँ-बाप इस अपमान को सहन नहीं कर पाते हैं तथा गांव लौट जाते हैं। उसके बाद कहानी में एक नया मोड़ आता है और मुन्नाभाई प्रण करता है कि वह अपने माता-पिता के अपमान का बदला चुकाने के लिए सचमुच डॉक्टरी पास करके दिखाएगा तथा अस्थाना को नीचा दिखाने के लिए उसकी बेटी चिंकी से शादी भी करेगा। तब से एक नया नाटक शुरू होता है। साम-दाम-दंड-भेद अपना कर मुन्ना अपने सहयोगियों की मदद से डॉक्टरी की परीक्षा पास कर लेता है। हॉस्टल में

रहने भी लगता है और कक्षाओं में जाने लगता है। वहां भी वह अपनी हरकतों से बाज नहीं आता है उसका रवैया वही पुराना है। जोर जबर वाला है और खालिस मुंबइया जुबान में बोल-चाल है। वह अस्पताल के रवैये से, मरीजों की अपेक्षा से और कागजी खाना-पूर्ति से चिढ़-कुढ़ जाता है तथा अपना ही नियम-कानून लागू करता है। उसके नियम मरीजों और कर्मचारियों के हित में होते हैं, इसलिए वह काफी लोकप्रिय हो जाता है। चिंकी उसे अच्छी तरह पहचानती है, लेकिन वह उसे डॉ. सुमन के रूप में ही जानता है। वह उसे पसंद करती है, लेकिन मुन्ना उसके पिता की ऐसी-तैसी करने से बाज नहीं आता है। वह मुन्ना के चरित्र को जितना अधिक समझने लगती है उसके प्रति मन ही मन उतना अनुरागमय भी होने लगती है। डॉ. अस्थाना उसे लेकर बहुत परेशान रहता है और किसी भी तरह उसे कॉलेज से निकालने के चक्कर में रहता है। इस बीच मुन्ना मानसिक रूप से एक हमेशा बेहोश रहने वाले मरीज को होश में लाने की कोशिश में जुट जाता है। एक कैन्सर के मरीज को कुछ दिन और खुशी से जीने का मौका देता है। एक डॉक्टर के पिता को, बिस्तर से उठाकर खड़ा कर देता है। कुछ मरीज समझते हैं कि वह कोई चमत्कारी पुरुष है । उसे भगवान तक मान लेते हैं। अस्पताल के सभी स्तर के कर्मचारी उसकी प्रशंसा करते नहीं थकते हैं। वह मरीजों को ठीक करने के लिए मानवीय उपायों पर जोर देता है, क्योंकि यों भी उसे डॉक्टरी का कोई ज्ञान नहीं है। वे उपाय, भले चिकित्सा विज्ञान के हिसाब-किताब में नहीं आते हों, परंतु मरीज के मन को सुकून मिलता है। मन का सुकून उसके शरीर को भी स्वस्थ बनाने में सहयोग देता है मुन्ना की लाख दुखों की एक दवा है-जादू की झप्पी, जिसे उसकी माँ ने सिखाया था। पूरे अस्पताल मे उसकी यह जादू की झप्पी एक जादू की छड़ी बन जाती है। जब कॉलेज के अंतिम वर्षों की परीक्षा आती है, तब भी वह उसी डॉक्टर की जबरदस्ती सहायता से उसमें भी अव्वल आता है, जिसने पहले भी उसकी जगह परीक्षा दी थी और जिसके बूढ़े पिता का मुन्ना सबसे खास कैरम खिलाड़ी पार्टनर बनता है और जिसे अस्पताल में भी बिस्तर से उठाकर कैरम बोर्ड तक खींच लाता है और इस रूप में उसकी सारी बीमारी दूर कर देता है। इस बार डॉ.अस्थाना उसे गिरफ्तार करने के लिए पुलिस तक बुला लेता है, लेकिन पूरे अस्पताल का स्टाफ इसके विरोध में खड़ा हो जाता है। डॉ. अस्थाना एक जांच समिति लोगों की अपनी इच्छा और सहमति से बना देता है, जिसमें तीन डॉक्टर होते हैं। सारे अस्पताल के सामने मुन्ना को उसके सवालों

के जबाव देने होते हैं, पर यह बहुत मुश्किल नहीं होता है, इसलिए कि साक्षात्कार का पूरा पूर्वाभ्यास करा दिया जाता है लेकिन ऐन साक्षात्कार के समय मुन्ना यह स्वीकार कर लेता है कि वह वास्तव में नकली एम.बी.बी.एस. है। उसे कोई डॉक्टरी ज्ञान नहीं है । ऐसी डॉक्टरी पढ़ने और डिग्री लेने का क्या लाभ जब मरीजों को बचा न सकें और उन्हें एक नई जिन्दगी न दे सकें, केवल इलाज के नाम पर अनावश्यक औपचारिकताएं ही निभाते रह जाएं। कहने का तात्पर्य यह कि उस डॉक्टरी का क्या लाभ जिसमें कोई अपने प्रोफेशनल तकाजे ही पूरा करता रहे और मानवीय सरोकारों को ताक पर चढ़ा दे। इसलिए वह अपनी स्वीकारोक्ति के बाद अस्पताल छोड़कर चला जाता है और उसके जाते समय किसी चमत्कार की तरह मानसिक रूप से पंगु हो चुके मरीज में हरकत होती है, मानो वह भी दुखी हो। डॉ. सुमन सारे लोगों के सामने अपने पिता को खरी-खोटी सुनाती है। पिता शर्मिंदा होता है, जो निश्चित रूप से मुन्ना का कमाल है, तो उसे अपनी भूल का प्रायश्चित होता है। फिर मुन्ना का विवाह चिंकी से हो जाता है। सर्किट का भी विवाह हो जाता है। उसके बाल-बच्चे होते हैं। डॉ. अस्थाना और उसका दामाद यानी मुन्नाभाई मिलकर एक नया अस्पताल खोलते हैं। मुन्ना के माता-पिता उसे माफ कर देते हें और पहली बार उसका पिता खुद उसकी जादू की झप्पी लेता है इस तरह अंत भला तो सब भला की तर्ज पर यह कहानी समाप्त होती है।

फिल्म की शुरुआत काफी नाटकीय है, जब सर्किट एक आदमी को मारने का नाटक करता और उसका सहयोगी मुन्ना उसे बचाने का। भगदड़ सी मचती है और अड्डे पर पहुंचने से ही यह पता चलता है कि उनका मुख्य धंधा क्या था। यह भगदड़ आरंभ में ही दर्शकों को एक नाटकीय अनुभव प्रदान करता है और फिल्म वहीं से दर्शकों को अपनी पकड़ में लेना भी शुरू कर देती है। जब उस गुंडादल को यह खबर मिलती है कि गांव से मुन्ना के माँ-बाप आने वाले हैं, तब जिस तरह की आपा-धापी से अपने अड्डे को अस्पताल में बदल दिया जाता है, वह और भी नाटकीय तथा रोचक है। इससे दर्शक फिल्म की पकड़ में आ जाता है। पार्क का एक छोटा-सा दृश्य है, जहां एक जमाने बाद पूर्व परिचित अस्थाना और हरिप्रसाद शर्मा की भेंट होती है। वहां एक नारियल बेचने वाले का ठेला है। ठेलेवाला भी मुन्ना के गैंग का ही सदस्य होता है। जब दोनों बुजुर्गों की बातचीत से इस बात का खतरा बढ़ने लगता है कि

कहीं मुन्नाभाई की असलियत सामने ना आ जाए, इसलिए वह बार–बार नारियल–केला वगैरह को लेकर उनकी टोका–टोकी आरंभ कर देता है। दृश्य रोचक है। जब आस्थाना उसे फटकार देता है और वे दोनों अस्थाना के घर की और रवाना हो जाते हैं, तभी ठेलेवाले की टोका–टोकी बंद होती है। दृश्य छोटा है। पर कहानी की दृष्टि से उपयुक्त है। अस्पताल के जिस डॉक्टर को घेरकर, उसके घर में उसके पिता को कैरम के खेल में उलझा कर, जिस तरह से एक डॉक्टर से डॉक्टरी की परीक्षा दिलवाई जाती है, वह दृश्य भी फिल्म की रोचकता और मनोरंजकता को काफी बढ़ाता है। एक बड़ा ही सफल संदर्भ इस फिल्म में मिलता है, वह है, अस्थाना का गुस्से और खीझ में हंसने की कोशिश करना। जब मेडिकल कॉलेज में मुन्नाभाई को एडमीशन हो जाता है, उसके सारे गुर्गे जिस तरह से उसके ऐशो–आराम की चीजें लेकर कमरा भर देते हैं, वह भी इस फिल्म का एक जानदार दृश्य है। उसकी तरह हॉस्टल मे रैगिंग का दृश्य भी खूब जमाता है, जब कच्छा पहने हुए नए लड़के देवदास फिल्म का वह प्रसिद्ध गीत गाते हैं, जिस पर माधुरी दीक्षित और ऐश्वर्य राय ने युगल नृत्य किया था। एक तरह से वह उसका पैरोडी ही था, पर था काफी हंसाने वाला। इस फिल्म की सबसे बड़ी विशेषता यह कि वह आजकल के मेडिकल कॉलेजों और अस्पतालों के रवैये का उपहास उड़ाती है ओर उसकी पोल खोलती है। मेडिकल की पढ़ाई पढ़ लेना और डॉक्टर बन जाना आसान है, पर मरीजों के प्रति व्यावहारिक कारगर और मानवीय आधार पर ध्यान देना कठिन है। भले ही डॉक्टरों को अपने प्रोफेशन में आते समय यह प्रतिज्ञा करनी पड़ती है कि वे चिकित्सा के माध्यम से मानव सेवा और समाज सेवा को अपना लक्ष्य मानेंगे, लेकिन हर कदम पर वे अपनी इस कसम को तोड़ते, मरोड़ते, मारते दिख जाते हैं।

यही कारण है कि कई बार छोटी बीमारी का शिकार व्यक्ति वहां पहुंचकर बड़ी बीमारी का शिकार बन जाता है और बड़ी बीमारी वाले को असमय मौत का शिकार बनना पड़ता है। आजकल के अस्पताल हमारे देश के जेलों की तरह हो गए हैं, जहां पहुंचकर छोटा अपराधी भी बड़ा अपराधी बन जाता है। निजी अस्पताल लोगों को नोचने–खसोटने में कोई–कसर नहीं छोड़ते हैं और सरकारी अस्पताल तो जैसे साक्षात यम के घर है। निजी अस्पतालों के मरीज नंगे होकर लौटते हैं और सरकारी अस्पतालों से मर कर । हमारे देश में

अस्पतालो की जो हालत है, उस पर फिल्म में इतनी नाटकीयता, रोचकता और मनोरंजकता है कि वह दर्शकों तक अपनी बात बड़ी आसानी से और असरदार तरीके से पहुंचा देती है। चूंकि हमारे समाज के हर घर का कोई न कोई व्यक्ति कभी न कभी इस तरह के अस्पतालों की उपेक्षा का शिकार बनता ही है, इसलिए सीधे यह फिल्म लोगों को स्पर्श कर जाती है। किसी गंभीर उद्देश्य को किसी फिल्म में गंभीरता से प्रस्तुत करना फिर भी आसान होता है, भले ही वह गंभीरता फिल्म के प्रभाव को सीमित कर दे, लेकिन किसी गंभीर उद्देश्य को हास्य-व्यंग्य के माध्यम से पेश करना अपेक्षाकृत एक कठिन काम है और इस कठिनाई को यह फिल्म बड़ी ही सहजता से सुलझा लेती है, इसलिए यह इतनी लोकप्रिय भी हुई। मुन्ना का एक मेडिकल छात्र बनने के बाद जितने प्रसंगों में वह अपनी प्रतिक्रिया व्यक्त करता है और जवाबी कार्रवाई के रूप में उन मरीजों के इलाज के लिए अपने जो उपाय आजमाता है, न तो वे समस्याएं गलत लगती हैं और न ही मुन्ना के द्वारा आजमाए गए उपाय। इस तरह यह फिल्म एक संदेश देती है कि यदि मरीजों का उचित उपचार समय पर ही तरीके से किया जाए तो बीमारियों को संयमित और सीमित किया जा सकता है और अस्पतालों के रवैये के चलते मरीज जिस तरह अकाल मृत्यु के शिकार बन जाते हैं, वह रुकेगा। सबसे बढ़कर यह फिल्म चिकित्सा की दुनिया में इलाज के दौरान एक मानवीय स्पर्श की वकालत करती है और मुन्ना इसी रास्ते पर चलता है। यह फिल्म तो सभी मेडिकल कॉलेजों में दिखाये जाने योग्य है ताकि उस प्रोफेशन में आने वाले इन बातों को सीख सकें और अपना सकें। आज चिकित्सा की पूरी दुनिया में हमारे देश में जो विसंगतियां और विकृतियां दिखती हैं, यह फिल्म उसकी काट का एक कारगार सुझाव है। इस अस्पताल में दो उदाहरण ऐसे हैं, जो हमें सोचने पर विवश करते हैं। एक तो वह मरीज है जो शारीरिक और मानसिक दोनों रूपों से पंगु हो चुका है अस्पताल में एक तरह से उसका इलाज बंद कर दिया जाता है और उसे अपने हाल पर छोड़कर उसकी मौत का इंतजार किया जाता है। उसे जिस तरह से मुन्ना मानवीय सहानुभूति का एक आधार देता है, वह अपने आप में एक अनुकरणीय दृष्टांत है। उसी का परिणाम है कि वह उससे बाहर निकलता है और एक स्वस्थ जीवन जीने का अवसर पाता है। इसी तरह दूसरा दृष्टान्तं है, अस्पताल के ही एक डॉक्टर के पिता का अस्वस्थ होकर भर्ती होना और कुछ भी खाने-पीने से अस्वीकार करना। मुन्ना को पता है कि वह व्यक्ति कैरम के खेल का कीड़ा

है, इसलिए अस्पताल में ही उसके बिस्तर के पास कैरम का खेल शुरू किया जाता है और इसका भी अनुकूल परिणाम यह निकलता है कि वह व्यक्ति बिस्तर से उठकर कैरम खेलने बैठ जाता है और मुन्ना के हाथ से जूस पी लेता है। इन दोनों ही मामलों में जहां सारे चिकित्सक अपनी हार मान लेते हैं वहां मुन्ना का मानवीय नुस्खा इतना कारगर होता है कि दोनों ही अंततः स्वस्थ हो जाते हैं। इस कॉलेज में कोर्ट जैसा दृश्य भी अपने ढंग का एक अलग दृश्य है, जहां मुन्ना की एक परीक्षा सार्वजनिक रूप से अस्पताल के समूचे स्टाफ के समाने ली जाती है ताकि उसकी सफलता की असलियत का पता चल जाए। हालांकि मुन्ना को सारे प्रश्नों के सारे उत्तर पहले ही रटा दिए जाते हैं, लेकिन जिस तरह मुन्ना अपनी वास्तविकता को स्वीकार करते हुए वहां से विदा होता है, वह दृश्य काफी मार्मिक बन पड़ा है और इसके बाद ही अपने पिता को उसकी सफलता पर बधाई देते हुए जिस तरह व्यंग्यात्मक शैली में उसकी बेटी उसे प्रहार करती है, वह भी काफी असरदार है। फिल्म में अंत में मुन्ना और सर्किट के पारिवारिक जीवन के कुछ स्थिर चित्र दिखाए जाते हैं, उनमें एक चित्र में यह बताया जाता है कि सर्किट की भी शादी हो चुकी है और उसका एक बेटा भी है, जिसका नाम शॉर्ट सर्किट रखा गया है। फिल्म का यह अंत काफी दिलचस्प लगता है।

दरअसल मुन्नाभाई एम.बी.बी.एस. एक निहायत काल्पनिक फिल्म है। उसका आज के यथार्थ से सीधे कोई लेना-देना नहीं है। इस काल्पनिक संसार को इतना जीवंत बना दिया गया है, कि उसकी वास्तविकता पर कोई प्रश्न उठाने की आवश्यकता नहीं समझता है, लेकिन प्रश्न उठते ही हैं। सिर्फ रोचकता और मनोरंजकता के मसाले से कोई यथार्थ बदल नहीं जाता है। मुन्ना एक खालिस गुंडा है और अपने तथा अपने माता-पिता के अपमान का बदला लेने के लिए सचमुच डॉक्टर बनने का प्रण करता है। ऐसा प्रण कर लेना बड़ा आसान है, लेकिन क्या जो हथंकडे अपनाकर मुन्ना सचमुच मेडिकल कॉलेज में दाखिल हो जाता है, वह भी उतना ही आसान है। यह एक गंभीर सवाल है। अन्य शैक्षणिक संस्थानों की तरह मेडिकल प्रोफेशन में भी कम धोखेबाजी नहीं है। वहां भी पैसे, पहुंच, पैरवी और प्रभुत्व का भ्रष्टाचार व्याप्त है। इनमें से किसी उपाय के जरिए मुन्ना को मेडिकल में दाखिला दिलवाया जाता है तो, वह फिर भी सही जान पड़ता, लेकिन इसमें लगभग एक अविश्वसनीय उपाय

लगाया जाता है कि उसी कॉलेज के एक डॉक्टर को जोर-जबर मुन्ना के बदले प्रवेश-परीक्षा में बिठा दिया जाता है। ऐसे धंधे नहीं होते हैं, ऐसी बात नहीं है, पर उसी कॉलेज के डॉक्टर से यह परीक्षा दिलवाना एक मजाक लगता है। जिस कॉलेज में मुन्ना को प्रवेश लेना है, उसी कॉलेज का एक डॉक्टर उसकी जगह परीक्षा दे रहा है तो इससे ज्यादा हास्यास्पद और क्या हो सकता है। कुछ स्थितियां इस फिल्म में ऐसी हैं जो काल्पनिक होते हुए भी निहायत अविश्वसनीय बन जाती हैं। जब एक मृत शरीर की परीक्षा की जाती है, जहां कई छात्र एक साथ उसे देख-सुन-समझ रहे हैं।, वहां मुन्ना को मौका नहीं मिलता है और वह सर्किट से कहकर किसी शरीर को वहां मंगवा लेता है, भले ही वह मृत न होकर जीवित हो। यह दृश्य रोचक लग सकता है, लेकिन कल्पना का एक चूडांत है जो विश्वास की सभी हदों को पार कर जाता है। उसी तरह एक कैन्सर के मरते हुए मरीज को कुछ समय का सुख और सकून दिलाने के लिए जिस तरह का एक भौंडा नृत्य वार्ड में आयोजित किया जाता है, वह दर्शकों के धैर्य की सीमा लांघा जाता है। इतना ही नहीं कई अवसरों पर वार्ड में मुन्ना और उसके चमचे मुंबइया नाच-गाना करते हैं, जो फिल्म के मूलभूत उद्देश्य की गंभीरता और गरिमा के अनरूप कतई नहीं है। इससे उसका लक्ष्य काफी हद तक बाधित और नष्ट होता है। मुन्ना जिस मुंबइया शैली में बात करता है, वह भी आकर्षक लग सकता है, लेकिन एक डॉक्टर की जुबान से ऐसी शैली सुनना कानों को खटकता भी है। यदि सचमुच उसके डॉक्टर बनने के प्रण में थोड़ी भी सचाई होती तो वह धीरे-धीरे वहां के परिवेश के अनुरूप खुद को भी एक हद तक ढालने की कोशिश जरूर करता, लेकिन जिस तरह मुन्नाभाई को आरंभ से अंत तक मुन्नाभाई ही रहने दिया गया है, वह उसके चरित्र के अनुरूप नहीं है। कोई गुंडा कितना मानवीय बन सकता है चरित्र में रंच मात्र भी बदलाव के बिना। यह एक बड़ा सवाल है। यहां तक कि वह अपने एक सीनियर डॉक्टर से कहता है, एक अवसर पर-दूं क्या एक रखके! यह हजम नहीं होता है। जिस कॉलेज में वह पढ़ रहा है, जिसके प्रमुख को वह फादर इन-लॉ कहता है, जिसकी बेटी से विवाह करना चाहता है, वह खुद उसी अस्पताल में डॉक्टर है और मुन्ना उसे अंत तक डॉक्टर अस्थाना की बेटी यानी चिंकी के रूप में नहीं पहचानता है, जब कि मन ही मन उससे प्रेम करता है। शायद एक बच्चा भी ऐसी बचकानी बात स्वीकार नहीं कर पाएगा। किसी फिल्म की कहानी कोरी कल्पना हो सकती है, लेकिन उसे इतना अधिक काल्पनिक भी नहीं होना चाहिए कि वह दर्शकों की खुली आंखों के बावजूद

उसे मक्खी निगलने के लिए बाध्य करे। इस फिल्म को रोचक और मनोरंजक बनाने के लिए जिस काल्पनिकता और नाटकीयता को अति तक पहुंचा दिया गया है, उससे फिल्म भले ही हमें भरपूर आनंद प्रदान करने में सक्षम हो, परंतु वह अपने लक्ष्य से कई बार, कई जगह भटक जाती है और उसकी तीव्रता को कम कर देती है। इस पर भी ध्यान दिया जाता तो यह फिल्म और भी बेहतर बन सकती थी। मुन्ना की, गतिविधियां समाज के एक वर्ग को उसके प्रति गैरजिम्मेदार और असंवेदनशील भी बना सकता है। अस्पताल समाज का एक महत्वपूर्ण और अनिवार्य अंग है, उस पर टीका-टिप्पणी करते समय उसका इस हद तक बेरोक-टोक मखौल उड़ाना भी उचित नहीं लगता है अस्पताल आज भ्रष्टाचार के केन्द्र बन चुके हैं, लेकिन उस पर प्रहार करते समय उसे इस तरह, तोड-मरोड़ कर नीचे पटक देना भी कोई मानी नहीं रखता है। अस्पातल यदि एक ओर प्राण लेने वाले होते हैं, तो दूसरी ओर प्राण देने वाले भी। फिल्म में उसके केवल पहले पक्ष के लिए दोषी अस्पतालों को माना गया है और दूसरे पक्ष का पूरा श्रेय मुन्नाभाई को दे दिया गया है, यह निहायत एक तरफा मामला बन जाता है। फिल्म की पूरी सफलता का आधार कोई एकतरफा मामला नहीं बन सकता। यह फिल्म अपनी पूर्ण सफलता और सार्थकता के मार्ग में खुद ही एक बाधक बन जाती है। इस बाधा ने फिल्म को किंचित सीमित न किया हो, यह नहीं माना जा सकता है।

मुनाभाई एम.बी.बी.एस. की बॉक्स ऑफिस सफलता और आम दर्शकों में उनकी अपार लोकप्रियता ने अपने दोषों और कमियों के बावजूद हिन्दी सिनेमा का एक मील का पत्थर बना दिया है। उसकी पूरी रोचक फैंटेसी और मनोरंजन के मसाले ने उसे किन्हीं भी सवालों से ऊपर उठा दिया है। इस फिल्म ने अस्पताल की दुनिया की बखिया उधेड़ी है। यह इसकी एक मौलिक विशेषता है। फिल्म ने यह भी प्रमाणित किया है कि समाज के गंभीर से गंभीर समस्या को भी किस तरह दिलचस्प किस्सागोई की तर्ज पर फिल्म में पेश किया जा सकता हैं। संजयदत्त और अरशद वारसी की जोड़ी इसमें इतनी खिलती और खुलती है कि वह हिन्दी फिल्मों की सर्वाधिक चर्चित जोड़ी बन जाती है। संजयदत्त इसमें वैसे ही दिखता है, जैसे अन्य फिल्मों में, लेकिन अरशद ने वास्तव में अपने अभिनय से भूमिका को सजीव बना दिया है। ग्रेसी सिंह बहुत प्यारी लगती है और बोमन ईरानी ने स्वयं को एक बहुमुखी अभिनेता

के रूप में प्रमाणित किया है। विधु विनोद चोपड़ा की सूझ-बूझ की दाद दी जा सकती है, जिन्होंने मेडिकल की दुनियां की विसंगतियों और विरोधाभासों को चित्रित करने वाली फिल्म का निर्माण किया और राजकुमार हिरानी को हिन्दी फिल्मों की नब्ज का पता है और वे यह समझते हैं कि फिल्म को सफल बनाना है तो उसे किसी भी तरह की गंभीरता से बचना होगा। इसीलिए उद्देश्य की गंभीरता को भी उन्होंने इतने सरस ढंग से पेश किया है कि तब भी इसे देखकर आम दर्शक झूम उठे थे और आज भी झूमते हैं। पूरी फिल्म को कालांतर में भुला दिया जा सकता है, लेकिन जिस बात को कभी नहीं भुलाया जा सकेगा वह है, जादू की झप्पी। यह फिल्म भी दर्शकों के लिए कुल मिलाकर एक जादू की झप्पी ही साबित होती है।

11

गंगाजल : पुलिस समाज का अंतर्बाह्य

गंगाजल, सन् 2003 में चर्चित फिल्मकार प्रकाश झा द्वारा निर्मित और निर्देशित एक महत्वपूर्ण फिल्म मानी जाती है। इसका महत्व दो कारणों से है, जिनमें पहला यह है कि यह फिल्म प्रकाश झा के फिल्म करियर का एक महत्वपूर्ण पड़ाव है और दूसरा यह है कि एक सच्ची घटना पर आधरित अपने ढ़ंग की एक अलग फिल्म है, जो मुख्य रूप से पुलिस विभाग की अच्छी-बुरी गतिविधियों पर केन्द्रित है। हिन्दी में सिर्फ पुलिस की बाहरी और अंदरूनी दुनिया को चित्रित करने वाली फिल्में बहुत कम हैं और यह फिल्म इस दृष्टि से अधिक चर्चित है। प्रकाश झा मूलत: अपने राजनीतिक सिनेमा के लिए अधिक जाने-माने जाते हैं। यों तो अस्सी प्रतिशत हिन्दी सिनेमा में प्रत्यक्ष या परोक्ष रूप से राजनीति की चर्चा होती ही है। क्योंकि हमारे देश में जन-जीवन के बीच राजनीतिक हस्तक्षेप भी अधिक ही है।। सिनेमा भी एक तरह से समाज की तरह सामज का आईना होता है, इसलिए राजनीति की अभिव्यक्ति स्वाभाविक भी है। हिन्दी सिनेमा और भारतीय सिनेमा के क्षेत्र में बहुत कम निर्देशक ऐसे हैं, जिनकी फिल्मों की मुख्यधारा ही राजनीति है। ऐसे लोगों में प्रकाश झा का नाम विशेष रूप से उल्लेखनीय है। उनकी फिल्में दामुल, अपहरण, गंगाजल और राजनीति इसका प्रमाण हैं। वस्तुत: दामुल से ही प्रकाश झा को एक संवेदनशील और प्रखर सामाजिक फिल्मकार के रूप में पहचान मिली और वे हिन्दी के समानांतर सिनेमा, जो मूलत: सामाजिक रूप से वैचारिक सिनेमा होता था, के एक महत्वपूर्ण स्तंभ माने जाने लगे। गंगाजल में

भी आद्योपांत राजनीतिक छल-प्रपंच है, लेकिन इसकी भिन्नता और विशेषता इस बात में है कि इसने पुलिस की दुनिया की सच्चाइयों से दर्शकों का साक्षात्कार कराया है। पुलिस मनोविज्ञान को इसमें प्रमुखता और प्राथमिकता दी गई है। इस आधार पर यह फिल्म महत्वपूर्ण है और सामाजिक दृष्टि से आवश्यक भी। इसके लिए प्रकाश झा को बधाई दी जा सकती है और उन्हें धन्यवाद भी दिया जा सकता है। यह माना जाता है, बल्कि इस बात की चर्चा होती है कि यह फिल्म मुख्य रूप से श्री.महेन्द्र लालका, की सोच का परिणाम है, जिसे प्रकाश झा ने सिनेमा में साकार किया है। सामान्यतः प्रकाश की फिल्में, उनके अपने नाम की ही प्रस्तुतियां होती हैं और यह फिल्म भी प्रकाश झा प्रोडक्शन्स के अंतर्गत ही निर्मित है, जिसके निर्माता और निर्देशक वे स्वयं हैं। इसके पटकथा लेखक भी वे स्वयं ही है। इस फिल्म की मुख्य भूमिकाओं में अजय देवगन और ग्रेसी सिंह हैं तथा अन्य महत्वपूर्ण भुमिकाओं में, मोहन जोशी, यशपाल शर्मा, मुकेश तिवारी, अयूब खान, अनूप सोनी, चेतन पंडित, अखिलेन्द्र मिश्रा, मुकुल नाग, विष्णु शर्मा, मान्यता दत्त और मोहन अगाशे आदि हैं। इस फिल्म में संगीत संदेश सांडिल्य का है।

यह फिल्म बिहार की पृष्ठभूमि पर है। प्रकाश झा चूंकि मूलतः बिहार के हैं, इसलिए उन्होंने अपनी फिल्मों में बिहार को अपनी फिल्मों का कथाक्षेत्र बनाया है। यह उचित भी प्रतीत होता है, क्योंकि जितना बिहार को वे समझ सकते हैं, उतना कोई बाहरी व्यक्ति नहीं। एक उनकी ही फिल्में है, जो बिहार का अपनी पूरी ताकत और कमजोरियों के साथ व्यक्त करती हैं। उनकी अब तक की फिल्मों के आधार पर बिहार प्रदेश के गुण दोषों को काफी हद तक जाना-समझा जा सकता है। इसी बिहार की जमीन पर एक ईमानदार पुलिस एस.पी. है, अमित कुमार (अजय देवगन) उनका स्थानांतरण तेजपुर नामक एक ऐसे क्षेत्र में किया जाता है जो अपने आपराधिक कर्मों-कुकर्मों के लिए बहुत कुख्यात है। जब अमित कुमार अपनी पत्नी अनुराधा (ग्रेसी सिंह) के साथ वहां पहुंचता है, तभी से उसे यह जानकारी होने लगती है कि उस इलाके में साधु यादव (मोहन जोशी) और उसके पुत्र सुंदर यादव का दबदबा है। वे इतने प्रभावशाली हैं कि पुलिस के छोटे-बड़े अफसरों तक को उनकी शरण में रहना पड़ता है। शरण में रहने वालों की प्रथम पंक्ति में बच्चा यादव (मुकेश तिवारी) का नाम आता है। इसके अलावा तेजपुर के अन्य थानों के लगभग

सभी प्रभारी भी साधु यादव की दया के पात्र बने रहने में ही अपनी कुशलता मानते हैं। साधु और उसके बेटे के पास एक छोटी-मोटी निजी सेना भी है।, जो हर समय बंदूकों और तलवारों से लैस रहते हैं मालिक के इशारे पर खून करना, डकैती, बलात्कार करना, अपहरण करना उनका लगभग रोज का धंघा है। आम लोग उनसे त्रस्त रहते हैं। किसी की जान-माल की कोई सुरक्षा नहीं है। एक तरह से वे बाप-बेटे उस क्षेत्र के बेताज व बेरहम बादशाह हैं। उन्हें किसी का कोई डर-भय नहीं है, क्योंकि पुलिस उनके पैरों पर लोटती है। और यहां तक कि उस क्षेत्र के आईजी (मोहन अगाशे) भी उनसे मिले हुए हैं और उन्हीं के हित साधने में लगे रहते हैं वे अमित कुमार के ईमानदार तेवर को देखकर यह समझते हैं। कि समाज के इन दबंग लोगों को साथ लेकर चलने में ही अपनी भी भलाई है उनसे दुश्मनी मोल लेना अपनी मिट्टी पलीद करना है और अपनी मौत बुलाना हैं, लेकिन अमित कुमार इसे नहीं मानता है। एक ओर वह अपने मातहत सभी अफसरों पर यह दबाव बनाता है कि वे अपनी अब तक की हरकतों से बाज आएं और वह साधु यादव तथा सुंदर यादव की मांद में जाकर उन्हें ललकारता है। इससे तेजपुर में एक आंधी-तूफान की-सी स्थिति पैदा हो जाती है। बाप -बेटे पर दबाव पड़ता है। पुलिस दुविधा ग्रस्त हो जाती है और जनता अमित कुमार का कायल बनने लगती है। जब योजनाबद्ध रूप में सुंदर यादव को गिरफ्तार कर लिया जाता है, तब जैसे जनता भी जग जाती है। इस बीच कुछ और दुर्घटनाएं हेाती हैं। जिस थाना प्रभारी को नए एस. पी. अमित कुमार के साथ बदसलूकी के कारण सस्पेंड कर दिया जाता है, वह एक चाय का स्टाल लगाता है, पर उसके सद्व्यवहार के कारण और स्वभाव में परिवर्तन पाकर एस.पी. उसे पुनः बहाल करता है और इस बार वह अपनी ईमानदारी का परिचय देते हुए मारा भी जाता है। इसी तरह की घटना पुलिस अफसर बच्चा यादव के साथ भी होती है। कई मामलों में माफिया बाप -बेटे का पक्ष लेने कारण अमित कुमार उसे भी सस्पेंड करता है वह अपनी गलती महसूस करता है। क्षमा मांगता है और उसे भी अमित कुमार एक और अवसर देता है। वह यह भी समझता है कि किस प्रकार से साधु यादव और सुंदर यादव के वे गुलाम बन गए हैं। अन्य अफसर भी इसे अनुभव करते हैं और उनसे मुक्त होने तथा उनसे बदला लेने के लिए ये यादव के पाले गुंडों की आंखे फोड़ देते हैं। इसके लिए गाड़ियों की बैट्री में जो एसिड होता है, उसका उपयेग किया जाता है। यह जन-सामान्य के लिए भी गुंडातंत्र के विरुद्ध एक कारगर

हथियार बन जाता है और वे इसका उपयोग कई बार गुंडा तत्वों के विरुद्ध करते हैं, जिसे वे अपनी भाषा में गांगाजल कहते हैं, जो इस फिल्म का शीर्षक भी है। जब यह स्पष्ट हो जाता है कि बच्चा यादव ने उनके साथ गद्दारी की है, तब सुंदर यादव उसके घर आकर उसकी पत्नी और बच्चों के सामने उसकी हत्या कर देता है और जिस तरह उनके अपने आदमी को पुलिस के लोगों ने आंखों पर वार कर उन्हें अंधा बना दिया था, उसी तरह बच्चा यादव की आंखों में सुंदर यादव गोली मार कर उसकी हत्या कर देता है। साधु यादव, डी.आई. जी. के सहयोग से लगातार अमित कुमार पर अपना दबाव और दबदबा कायम करने की कोशिश करता है, लेकिन अमित कुमार उनके आगे नहीं झुकता है। सुंदर यादव गांव की एक लड़की को भगाकर बलात् उससे शादी करना चाहता है, लेकिन एस.पी.के हस्तक्षेप से वह मुक्त हो जाती है, और उसकी शादी की तैयारी होती है। इसी समय जमानत पर छूटकर सुंदर यादव शादी के मंडप से उस लड़की को उठा लेने की कोशिश करता है और लड़की अपने पेट में छुरा भौंककर आत्महत्या कर लेती है। इस तरह दोनों बाप-बेटे तेजपुर का आतंक बन जाते हैं। अमित कुमार को जन समर्थन भरपूर मिलने लगता है और वहां के अन्य पुलिस अफसर भी अमित के साथ हो जाते हैं, लेकिन मंत्री से लेकर डी.आई.जी. तक अमित के खिलाफ गोलबंद हो जाते हैं और उन्हें छुट्टी पर भेज कर उनके अधिकार उनसे छीन लिए जाते हैं। पर जब बाप-बेटे के कारनामे हद से बढ़ने लगते हैं, तब परोक्ष रूप से पुलिस के समर्थन से प्रत्यक्ष रूप से जनता इनके विरुद्ध एकजुट हो जाती है और जन सैलाब उन्हें घेरकर गंगाजल से उनकी आंखें फोड़ देना चाहता है। एस.पी. के कहने पर वह रुकता तो है लेकिन जिस तरह बाप-बेटे पुलिस वालों से उनके रिवॉल्वर छीन कर जनता को डराने-धमकाने लगते हैं।, अमित कुमार उनसे अकेले में भिड़ता है और उनकी आंखों में लोहे की छड़ें घुस जाती हैं, जिससे दोनों की मौत हो जाती है और इस तरह तेजपुर से हमेशा के लिए आतंक राज खत्म हो जाता है और जनता चैन की है सांस लेती हैं। पुलिस के अफसरों को भी राहत मिलती है। अमित कुमार जैसे एक साहसी और निडर एस.पी. के कारण तेजपुर अपराध मुक्त हो जाता है। इस मुक्ति के साथ ही गंगाजल फिल्म की कथा का भी समापन हो जाता है।

इसमें कोई संदेह नहीं है कि इस फिल्म में आद्योपांत एक गति है, बल्कि कहना होगा कि तीव्र गति है, जिससे सामान्य और औसत दर्शकों को बांधे

रखने में यह फिल्म सफल होती है। विशेषकर राजनीतिक फिल्मों में यदि गति न हो तो वे फिल्में सुस्त पड़ जाती हैं। आम दिनों भी सामाजिक जीवन में खासकर राजनीतिक घटनाएं आए दिन बड़ी तेजी से घटती हैं, इसलिए ऐसी फिल्मों में अपेक्षित गति फिल्म की एक अनिवार्यता बन जाती है। प्रकाश झा ने लगभग अपनी हर फिल्म में इस तरह की गति को बनाए रखा है, यही उनकी बॉक्स ऑफिस सफलता का मूल कारण भी है। इसका पहला श्रेय जाता है, उनकी पटकथा को, जो सामान्यतः चुस्त–दुरुस्त होता है और दूसरा श्रेय जाता है, संपादन को, जिसके प्रति वे विशेष ध्यान देते हैं। एक निर्देशक के रूप में उनकी यह फिल्म भले ही असाधारण न हो, पर असफल भी नहीं है। जिस तरह से और जितनी तादाद में दर्शकों ने इसे देखा, उस दृष्टि से वे एक सफल फिल्मकार प्रमाणित होते हैं। फिल्म माध्यम की उन्हें समझ है, वे फिल्म के तकनीकि पक्षों के अच्छे जानकार हैं ओर वे फिल्म के बाजार से परिचित हैं, इसलिए उनकी फिल्में सफल हो जाती हैं। जो बिहार आए दिन किसी न किसी कारण से समाचारों की सुर्खियों में रहता है, उस बिहार को लोगों के सामने लाकर वे और भी सफल हो जाते हैं। उनका अभिनेताओं का चयन भी अच्छा होता है। उनका सबसे चहेता अभिनेता अजय देवगन है और इसमें कोई संदेह नहीं है कि हमेशा, उनकी हर फिल्म में अजय ने उनकी अपेक्षाओं को पूरा किया है। विशेषकर इस फिल्म में एस.पी. अमित कुमार के रूप में अजय का अभिनय काफी संयत, संतुलित, अपेक्षित और प्रभावशाली है। वे एक ईमानदार और कर्मठ तथा कर्तव्यनिष्ठ पुलिस अफसर के चरित्र निर्माण में सफल दिखते हैं। यह उनके अभिनय करियर की भी एक महत्वपूर्ण फिल्म मानी जाती है। फिल्म में मोहन जोशी, यशपाल शर्मा और मुकेश ने भी अपने अभिनय के कौशल से अपने चरित्रों को जीवंत बनाया है अमित कुमार की पत्नी के रूप में ग्रेसी सिंह ने भी अपनी भूमिका के साथ न्याय किया है। फिल्म के आरंभ में ही इस दंपति के प्रति एक अच्छी धारणा बनती है, जो फिल्म के अंत तक बनी रहती है। इस फिल्म में पुलिस तंत्र के कई चहरे और चरित्र आते हैं। एक ओर वह थाना प्रभारी है, जो पहली बार एस.पी. के रूप में अमित कुमार को नहीं पहचानने के कारण उनके साथ दुर्व्यवहार करता है और सिपाहियों को वसूली की छूट देता है। जब अमित कुमार उसे सस्पेंड कर देता है, उसे अपनी भूल का एहसास होता है और उसका चरित्र आमूलचूल बदल जाता है, इस हद तक कि बाद में अमित कुमार के आदेश का पालन करते हुए वह अपने ही

विभाग के लोगों के द्वारा मारा भी जाता है। दूसरी और बच्चा यादव सहित कई अन्य अफसर हैं, जो विवश होकर बाप-बेटे की तानाशाही स्वीकार कर लेते हैं, क्योंकि उनके पास अन्य कोई विकल्प नहीं है। वह इस गुंडा तंत्र के साथ होकर और उनके सामने झुककर ही सुरक्षित रहने के लिए मजबूर है, जब कि भीतर से वे अपनी असफलता और असमर्थता के कारण उनसे चिढ़े-कुढ़े रहते हैं। अमित कुमार की ताकत पाकर वे अपने भीतर की भड़ास निकालने और बदला लेने के लिए ही गुंडों की आंखें हिरासत में फोड़ देते हैं। उनके भीतर जो परिवर्तन आते हैं, वे अचानक नहीं हैं। अपने विवेक को मार कर और फर्ज को तिलांजलि देकर भी वे गुडों के समक्ष आत्म समर्पण के लिए इसलिए विवश होते हैं कि गुंडों की पहुंच बहुत ऊपर तक है और डी.आइ.जी. से लेकर मंत्री तक बिके हुए हैं। लेकिन जब उन्हें थोड़ी शय मिलती है, वे खुद अपने तेवर में आ जाते हैं और कानून तथा व्यवस्था कायम करने में एस.पी. अमित कुमार के सहायक बनते हैं। उनका चित्रण इस रूप में काफी मनोवैज्ञानिक है जो यह बताता है कि वह कितने दबाव में रहते हैं और किस तरह अपराधियों के सामने कमजोर बने रहने से तनावग्रस्त रहते हैं। उसी क्रम में पुलिस विभाग में डी.एस.पी. भूरेलाल जैसे लोग भी हैं, जो अपराधियों के चाटुकार बने रहने और अपने आला अफसरों के तलुवे चाटने में ही अपना जीवन बिता देते हैं। उनकी चमड़ी हमेशा मोटी और भोथरी ही बनी रहती है। वे पुलिस विभाग के कलंक होते हैं, जो अपराधों और अपराधियों के सामने अपनी आंखें मूंदने और अपना सिर झुकाने में ही अपना हित समझते हैं। इसमें कोई संदेह नहीं है कि अखिलेन्द्र मिश्रा ने भूरेलाल की भूमिका को बहुत सजीव बना दिया है।

पुलिस विभाग में ऐसे भूरेलाल की कोई कमी नहीं है। उसी तरह डी. आई.जी.वर्मा जैसे लोग हैं जिनकी रीढ़ की हड्डी नहीं होती है जिनके कारण ही समाज मे अपराध और अपराधियों को बढ़ावा मिलता है। वे अपने को सुरक्षित, सुखपूर्ण और सुविधाजनक बनाने के लिए किसी भी तरह का समझौता करने से नहीं हिचकते हैं। इस तरह इस फिल्म की सबसे बड़ी खूबी यह है कि इसमें पुलिस चरित्र के अनेक रंग-रूप मिलते हैं, जो इस फिल्म की भिन्नता, विशेषता और सफलता का एक महत्वपूर्ण कारण है। समाने पुलिस की ताकत और उसकी कमजोरी को यह फिल्म बड़े सार्थक रूप में दर्शकों के समाने लाती है। चूंकि यह फिल्म बिहार की पृष्ठभूमि पर है, इसलिए बिहार की

भी कई विशेषताएं और दुर्बलताएं इसमें मिलती हैं। एक तो वहां भाषा-बोली का उपयोग सही रूप में किया गया है, जिससे फिल्म की आंचलिकता का प्रमाण मिलता है। पुलिस महकमे और गुंडातंत्र दोनों में जिस तरह माँ-बहन की गालियों का बहुतायत से प्रयोग होता है, उसके उपयोग में कमी नहीं रखी गई है। बिहार अपने जातिवादी समीकरणों के लिए काफी जाना जाता है, इसमें भी वह मिलता है। तेजपुर में जिस यादव जाति का बोलबाला दिखाया गया है, इसमें भी वह प्रकारांतर से बिहार में उस समय इनके बोलबाले का ही प्रतीक है। यहां तक कि कुछ नाम भी ऐसे हैं, जो तब काफी सुने जाते थे, जैसे साधु यादव। जब लालू प्रसाद बिहार के सर्वेसर्वा थे, तब इस फिल्म को बनाना काफी जोखिम का काम था, लेकिन फिल्मकार ने एक साहस का परिचय दिया है, जो किसी भी अन्य फिल्मकार के लिए एक मिसाल माना जा सकता है।

इस फिल्म के कुछ दृश्य अच्छे, प्रशंसनीय और प्रभावशाली बन पड़े हैं, जिनमें उल्लेखनीय है, सुंदर यादव को घेरकर पकड़ने का दृश्य दो बार आता है, एक बार तब जब बच्चा यादव की मदद से उसे पकड़ने का अभियान सफल होता है और दूसरी बार तब जब वह कचहरी में आत्मसमपर्ण के लिए जाने को होता है ताकि उसे जमानत मिल जाए, लेकिन आखिर वह इसके पूर्व ही पुलिस की चालाकी से उनकी गिरफ्त में आ जाता है। ये कोई बहुत अनोखे दृश्य नहीं हैं, परंतु एक तो कथा की मांग के अनुरूप हैं और दूसरे इनका संयोजन आकर्षक तथा सघन है।, फिल्म का दृश्य वह है, जब सुंदर यादव नाच-गाने-पीने-पिलाने में डूबा रहता है और दूसरी ओर उसके द्वारा अपहृत लड़की का उसके विरोध के बावजूद उसका एक दुल्हन के रूप में साज शृंगार किया जा रहा है और तीसरी ओर बच्चा यादव उसे सीमा पार कराने के बहाने एस.पी. के द्वारा बिछाए जाल की ओर लाने के लिए सुंदर के पास जा रहा है। समान्यतः दो दृश्यों के समानांतर फिल्मांकन का संयोजन तो बहुत सी फिल्मों में मिलता है, लकिन इस फिल्म में जिस तरह दो से अधिक समानांतर दृश्य संयोजन किया गया है वह अपना एक अलग प्रभाव निर्मित करने में सफल होता है। फिल्म में कचहरी का दृश्य भी फिल्म की कथा के अनुरूप और आवश्यक है। किसी खानापूर्ति के रूप में कोर्टरूप का दृश्य नहीं रखा गया है।, बल्कि वहां इतने तरह के दांव-पंच एक साथ चलते हैं, कि एक तो उससे कोर्ट रुप की ऊबाऊ संरचना टूटती है और दूसरे उससे भी गति के साथ नाटकीयता

का भी निर्माण होता है, जो कहानी में एक निर्णायक परिवर्तन भी लाता है। इस तरह यह दृश्य मात्र एक औपचारिकता नहीं है, बल्कि कथा का एक अनिवार्य हिस्सा भी है। इसका प्रभाव पूरी फिल्म की कथा-स्थिति और कथा-गति दोनों पर पड़ता है। सामान्यत: हम यह मान लेते हैं कि पुलिस भ्रष्ट हो चुकी है ओर वह जनता से अधिक नेताओं और अपराधियों का हित साधती है, लेकिन पुलिस की अपनी सीमाएं और विवशताएं भी होती हैं। उन पर भी इतने तरह के दबाव होते हैं और वह दबाव इतने चौतरफा और असरदार होते हैं, कि उन्हें अपने विवेक को मार कर भी उनका साथ देना पड़ता है। न दो तो उन्हें भी या तो रास्ते से हटा दिया जाता है, या फिर उनके अधिकार छीन लिए जाते हैं और उनका स्थानांतरण कर दिया जाता है। वे स्वयं एक भ्रष्ट सामाजिक और राजनीतिक तंत्र का शिकार बन जाते हैं और उसका मोहरा बनने के सिवाय कोई उपाय उनके पास भी नहीं रह जाता है, लेकिन इन सबके विरुद्ध उनके अपने भीतर कितना क्रोध और क्षोभ भरा होता है, यह उस प्रसंग में स्पष्ट होता है, जब वे यादवों के गुर्गों की आंखें फोड़ देते हैं। यह पूरा प्रसंग जितना सच है, उतना ही मारक और मनोवैज्ञानिक भी। यों यह कहानी भी बिहार के भागलपुर जेल में कैदियों की आंख फोड़ने की एक सच्ची घटना पर ही आधारित है। कहा जा सकता है कि एक सच को साकार करने में फिल्मकार को सफलता ही मिली है। फिल्म का शीर्षक अपने ढंग का है और कहानी के हिसाब से पूरी तरह सार्थक भी इसमें एसिड को गंगाजल माना गया है। अपराधियों पर आक्रमण करने के एक नए और अचूक हथियार के रूप में इसका उपयोग किया गया है। पहले खुद पुलिसवाले ही अपराधियों से प्रतिशोध लेने के लिए इसका प्रयोग करते हैं और बाद में यह गंगाजल अपराधियों के विरुद्ध जनता का अस्त्र बन जाता है। आखिर बढ़ते अपराधों पर नियंत्रण पाना है, तो वह केवल पुलिस द्वारा ही संभव नहीं है, इसलिए भी कि पुलिस बंटी होती है, बिकी भी। जब तक अपराधियों के विरुद्ध एक जनविद्रोह की स्थिति नहीं उत्पन्न होती है, तब तक समाज को अपराध मुक्त बनाना भी संभव नहीं है। यह संदेश इस फिल्म में बहुत स्पष्ट, साफ, मूर्त और कारगर है, क्योंकि फिल्मकार ने जिस तरह साधु यादव और सुंदर यादव के विरुद्ध उठ खड़ी जनता के सैलाब का उपयोग किया है, वह एक संदेश होने के साथ एक आवश्यकता भी है, एक रास्ता भी और एक सम्मिलित सामाजिक ताकत भी। यह ताकत इस फिल्म से उभरकर दर्शकों तक पहुंचती है, उन्हें प्रभावित करती है और प्रेरित भी। यह इस फिल्म की भी ताकत बनती है।

इस फिल्म में फिल्मकार प्रकाश झा की आलोचना इस बात के लिए अवश्य की जा सकती है कि एक तो फिल्म जरूरत से ज्यादा लम्बी है, दूसरे इसमें घटनाएं-दुर्घटनाएं भी ज्यादा हैं तीसरे इसमे हिंसा की मात्रा आवश्यकता से अधिक और अनावश्यक है। फिल्मकार ढेर सारी घटनाओं के माध्यम से उतना ही कह पाता है, जितना कि वह लगभग उसकी आधी घटनाओं से भी कह सकता था। एक ही तरह की घटनाओं की पुनरावृत्ति से एक तरह से ऊब और थकान पैदा होती है। कहानी को कुछ और संक्षिप्त बनाने की आवश्यकता थी। फिल्म को देखने पर यह साफ अनुभव होता है कि इसमें घटनाएं बेतरह ठूंस दी गई हैं। यह लगभग भारतीय रेल का सामान्य यात्री डिब्बा-सा लगता है। सांस लेने भर की भी संभावना नहीं छोड़ी गई है। हिंसा इस फिल्म के कथानक की एक आवश्यकता हो सकती है, लेकिन इतनी हिंसा भी एक तरह की जुगुप्सा मन में जगा देती है। जेल में साधु यादव और उसके बेटे सुंदर यादव के दो लोगों को जिस तरह और जितना मारा जाता है और उनकी आंख फोड़ने के दृश्य को जितना तूल दिया जाता है, उसे कुछ कम किया जा सकता था। यह फिल्म बिहार की बहु चर्चित आंखफोड़ कांड पर मूलत: आधारित है, लेकिन उसका कोई संदर्भ इसमें कहीं नहीं आता है। जो दर्शक नहीं जानते हैं कि किस तरह की कोई घटना घटी थी, उनके लिए यह मात्र एक हिंसक दृश्य बनकर ही रह जाता है। जब इतने विख्यात या कुख्यात कांड को इसमें प्रत्यक्ष या परोक्ष रूप से लिया गया है तब यही उचित होता कि उसका एक संदर्भ भी आरंभ में दिखाया जाता, इससे फिल्म की प्रामाणिकता और प्रासंगिकता और बढ़ती ही। फिल्म के लगभग आरंभ में तेजपुर के नए एस.पी. का एक प्रसंग में यह तेज-तीखा संवाद आता है कि वे किसी भी कीमत पर अनुशासनहीनता बर्दाश्त नहीं करेंगे और उसके तत्काल बाद घर में अपनी पत्नी के साथ उनके रोमांस का दृश्य आ जाता है। यहां संपादन का दोष दिखता है। इससे पहले ही कि एस.पी. का संवाद अपना प्रभाव डालता और उसके व्यक्तित्व की दृढ़ता का अनुभव होता, दृश्य सीधे प्रेमालाप पर चला आता है। हिन्दी सिनेमा में कई-कई गुंडों से नायक का अकेला लड़ना और उन्हें पस्त तथा परास्त करना बहुत पुराना और घिसा-पिटा नुस्खा है, उसी नुस्खे का उपयोग इसमें भी किया गया है, जिससे फिल्म में कोई नई बात नहीं बनती है। गंगाजल और आंख फोड़ना मानो इस फिल्म का एक स्लोगन बन जाता है। जिसे देखो वही हाथ में एसिड की बैट्री लिये आंख फोड़ने को अपराधियों के पीछे भागा जा रहा

है। उससे अधिक यह बात अखरती है कि पहले पुलिस वाले अपराधियों की आंखें फोड़ते हैं, फिर अपराधी एक पुलिस अफसर की आंखें फोडते हैं, फिर जनता अपराधी बाप-बेटे की आंखें फोड़ने को बेताब दिखती है और अंत में एस.पी. से लड़ते हुए दोनों मारे भी जाते हैं, तो इसलिए कि उनकी आंखों में लोहे के छड़ें घुस जाती हैं। यह सब बड़ा हल्का लगता है। आंखफोड़ कांड पर आधारित होने का यह अर्थ नहीं है कि पूरी फिल्म में सिर्फ आंखें ही फोड़ी जाएं। यह कुछ बचकाना लगता है और इससे फिल्म में कमजोरी आ जाती है। इस फिल्म में एक भ्रष्ट डी.आई.जी.है, जो खुले आम अपराधियों के सरगना से कहता है कि बेटे को छुड़ाना चाहते हो तो रातोंरात पचास लाख का इंतजाम करो। पचीस मंत्री के यहां पहुंचा दो और पचीस मेरे यहां। पुलिसतंत्र कितना भी भ्रष्ट हो चुका हो लेकिन यह खुलेआम सौदा अजीब लगता है। आश्चर्य है इस पर पुलिस विभाग ने कोई आपत्ति नहीं कि। इतनी-सी बात पर भी इस फिल्म पर रोक लोग सकती थी या फिर सेंसर को इस पर ध्यान देना चाहिए था। फिल्म का अंतिम दृश्य तो मानो बलात खींच-खींच कर बढ़ाया गया है। जनता अपराधियों को खदेड़ती है, वे पानी में कूद जाते हैं, एस.पी. पानी में उतर कर उनकी पिटाई करता है। उन्हें पानी से बाहर निकाले जाने पर जनता उनकी आंखे फोड़ने के लिए उतावली हो उठती है। जनता को कानून अपने हाथ में न लेने की एस.पी. एक क्लास लेता है। वहां संवादबाजी चलती है। फिर वे दोनों पुलिस वालों के रिवाल्वर छीन कर हवाई फायरिंग करते हुए भागने की कोशिश करते हैं, तब एस.पी. जिसने पहले पानी में उनकी कुटम्मस की थी अब जमीन पर उन्हें कूटता है। तो इतना लम्बा है यह पूरा दृश्य जो आधे से अधिक अनावश्यक और प्रभावहीन है। फिल्म यदि इन दोषों से बच पाती तो निश्चय ही इससे फिल्म की सघनता, तीव्रता में वृद्धि होती और उसका प्रभाव भी बढ़ता।

फिर भी यह फिल्म कई आधारों पर एक महत्वपूर्ण और जरूरी फिल्म मानी जाएगी। बाकी सब बातें छोड़ दें और भूल भी जाएं तो कम से कम पुलिस के चरित्र-चित्रण की दृष्टि से यह एक विशेष फिल्म अवश्य मानी जाएगी। साधु यादव और सुंदर यादव जैसे अपराधियों की हिन्दी सिनेमा में कभी कोई कमी नहीं रही है, पर पुलिस के चरित्र की विविधता और पुलिस पर पड़ने वाले राजनीतिक दबाव के चलते यह फिल्म अपना महत्व लम्बे समय तक बनाए

रखने में सक्षम रहेगी। पुलिस पर अपराधी किस तरह भारी पड़ते हैं, यह इस फिल्म से स्पष्ट हो जाता है। पुलिस के अफसरों का मनोविज्ञान इस फिल्म की एक पृथक् विशेषता है। फिल्म में पुलिस समाज के जिस आंतरिक और बाह्य जीवन को इसमे रखा गया है, वह सराहनीय और उल्लेखनीय भी। कदाचित् यही कारण है कि इस फिल्म को 2004 में निर्मित फिल्मों में सामाजिक विषय की विशेषता, भिन्नता, और यथार्थता के लिए राष्ट्रीय पुरस्कार मिला, जिसकी अर्हता यह फिल्म रखती है।

12

मकबूल : मेकबेथ का भारतीय रूपांतर

मकबूल, विशाल भारद्वाज द्वारा निर्देशित एक महत्वपूर्ण, साहित्यिक और कलात्मक फिल्म है। यह हिन्दी सिनेमा का सौभाग्य है कि गुलजार और विशाल भारद्वाज की एक बेहतरीन जोड़ी बनी। दोनों ही साहित्यिक और कलात्मक रुचि संपन्न हैं। दोनों का ही बुनियादी व्यक्तित्व बॉलीवुड सिनेमा की प्रचलित और व्यावसायिक प्रवृत्ति से अलग-थलग है। यह एक संयोग की बात है कि दोनों ही फिल्म निर्देशन के क्षेत्र में स्थापित हैं। गुलजार गीतकार हैं और विशाल भारद्वाज संगीतकार। स्वयं गुलजार यह मानते हैं कि उनके गीतों को जितने कलात्मक संगीत से विशाल भारद्वाज ने प्रस्तुत किया है, शायद उतना अन्य संगीतकार नहीं कर पाए या फिर कम कर पाए। विशाल का परिचय आरंभ में एक संगीतकार के रूप में ही हिन्दी सिनेमा जगत को मिला। उनके संगीत में मधुरता और कोमलता होती है। वे बहुत कुछ शास्त्रीय आधार लेकर चलते हैं। वे वास्तव में हिन्दी सिनेमा के शास्त्रीय संगीतकारों की परंपरा में आते हैं। आजकल के लोकप्रिय और पाश्चात्य आधार के संगीत के मिलावट से वे दूर रहते हैं। इसीलिए उनका संगीत लोगों को अधिक कर्णप्रिय लगता है। शायद गुलजार के साथ गीत-संगीत के क्षेत्र में काम करते हुए, विशाल के भीतर का निर्देशक जाग उठा। एक निर्देशक में जो दृश्य-विधान की दृष्टि होनी चाहिए, वह उनके पास पहले से विद्यमान थी। अन्यथा वे इतने सधे हुए रूप में अपना कार्य नहीं कर पाते। गुलजार और विशाल में एक और बड़ी समानता है कि दोनों बॉलीवुड की भीड़ में अलग दिखते हैं। किसी होड़ में शामिल नहीं होते

हैं। कोई समझौता नहीं करते हैं। उनकी फिल्में ठीक उसी तरह उनकी रचनात्मक अभिव्यक्ति होती हैं, जैसे कोई साहित्यकार अपनी रचना लिखता है या कोई चित्रकार अपना चित्र बनाता है। जो उसकी सराहना कर पाते हैं, वे उनकी ऐसी अभिव्यक्ति के साझेदार बनने का सुख पाते हैं, अन्यथा वे बॉक्स ऑफिस को ध्यान में रखकर कोई चालू किस्म की फिल्म कभी नहीं बनाते हैं। दोनों ही कम फिल्में बनाते हैं लेकिन उनमें एक स्तरीयता होती है, परिपक्वता और परिष्कृति होती है। विशाल की एक विशेषता यह है कि उन्होंने अब तक कुछ ऐसी फिल्में बनाई हैं, जो शैक्सपियर जैसे विश्व के महान रचनाकार की बहुचर्चित रचनाओं पर आधारित है। यह विशाल की भिन्नता भी है और मौलिकता भी। इस रूप में उनकी एक अलग पहचान बनी है और उत्तरोत्तर वे अपनी इस पहचान का विस्तार करते जा रहे हैं, इसलिए उसमें निखार भी आता जा रहा है। उनकी फिल्म 'ओंकारा' एक चर्चित फिल्म है और उसी कड़ी में उनकी यह फिल्म भी आती है।

मकबूल शेक्सपियर के महान नाटक मेकबेथ पर आधारित है। हिन्दी सिनेमा यों भी इस तरह की विश्व प्रसिद्ध रचनाकारों और उनकी रचनाओं के आधार पर फिल्म निर्माण के मामले में काफी पिछड़ा हुआ है। यह कार्य उतना आसान भी नहीं है। इसके लिए किसी भी निर्देशक को विश्व क्लासिक को समझने की गंम्भीरता और प्रौढ़ता की आवश्यकता होती है और हमारे बॉलीवुड के घोर व्यापारी जगत में कितने निदर्शेकों में इतनी समझदारी है, यह किसी से छिपा हुआ नहीं है। इसके लिए शेक्सपियर जैसे एक कालजयी रचनाकार की कालजयी रचना के मर्म को समझने की आवश्यकता होती है और तभी उसका भारतीय रूपांतर संभव होता है। यह भी एक जटिल प्रक्रिया है। किसी विदेशी रचना का भारतीय रूपांतर भी कम दुरूह नहीं है उस पर यदि रचना अपने समय की प्रसिद्ध रचना हो तो इसमें जोखिम और बढ़ जाता है। विशाल भारद्वाज ने न केवल यह जोखिम उठाया बल्कि उसके भारतीय और हिन्दी रूपांतर को उतना ही सहज-स्वाभाविक भी बनाया। इससे यह भली भांति समझा जा सकता है कि विशाल कहां, हिन्दी सिनेमा-जगत में अलग खड़े दिखते हैं। यह सच है कि वे मास के नहीं, बल्कि क्लास के निर्देश्क हैं, इसलिए बॉलीवुड फार्मूले उनकी फिल्मों मे ढूंढ़ना बेमानी है। कम से कम शेक्सपियर के कुछ क्लासिक्स को उन्होंने हिन्दी मे रूपांतरित करके हिन्दी सिनेमा को समृद्ध बनाया, यह योगदान भी कम नहीं है।

इस फिल्म के निर्माता बॉबी बेदी हैं और निर्देशक विशाल भारद्वाज हैं। इसकी पटकथा विशाल भारद्वाज और अब्बास टायरवाला ने मिलकर लिखी है। महान नाटककार शेक्सपियर के नाटक मेकबेथ पर आधारित इस फिल्म की कहानी भी इन्हीं दोनों ने मिलकर तैयार की है, भारतीय परिवेश को ध्यान में रखकर। इस फिल्म की मुख्य भूमिकाओं में इरफान खान, तब्बू, पंकज कपूर, ओम पुरी तथा नसीरुद्दीन शाह आदि हैं तथा कुछ अन्य भूमिकाओं में पियूष मिश्रा, अजय गेही, अंकुर विकल, मसुमेह मखीजा, पुबाली सन्याल, मास्टर राज और ज्ञानचंद रिकी आदि मिलते हैं, जिन्होंने मेकबेथ नाटक के विभिन्न किरदार निभाए हैं। इसमें संगीत विशाल भारद्वाज का है और इसका संपादन आरिफ शेख ने किया है। इसके छायाकार हेमंत चतुर्वेदी हैं और इसके गीत गुलजार ने लिखे हैं। यह फिल्म केलिडोस्कोप इंटरटेनमेंट के बैनर तले 2004 में रिलीज हुई थी।

फिल्म की कहानी कुछ इस रूप में हमारे सामने आती है कि मुंबई के एक अंडरवर्ल्ड प्रमुख है, जहांगीर खान (पंकज कपूर) जिन्हें सब अब्बाजी कहकर बुलाते हैं। मेकबेथ नाटक के पात्र स्काटलैंड के डंकन-1 को अब्बाजी के रूप दिखाया गया है। उनकी बीवी है, निम्मी(तब्बू) जो लेडी मेकबेथ की भूमिका में हैं। मियां मकबूल (इरफान खान) का स्थान अब्बाजी के सबसे प्रिय और भरोसे के व्यक्ति का है, जिसे अब्बाजी अपने बेटे की तरह मानते हैं। वह भी अब्बाजी को उतना ही मान-सम्मान देता है। स्वाभाविक है कि उस गिरोह में अब्बाजी के बाद उसी का स्थान है। निम्मी मकबूल से बेहद प्रेम करती है और वह चाहती है कि अब्बाजी की हत्या मकबूल कर दे ताकि वह उसे पा सके। मकबूल इसके लिए पहले तैयार नहीं हो पाता है। वह निम्मी से दूरी बनाए रखने की चेष्टा करता है। उसकी उपेक्षा करना चाहता है, लेकिन धीरे-धीरे वह निम्मी के मोहपाश में बंधने लगता है। वह भी जानता है कि जब तक अब्बाजी जीवित हैं, वह दल का प्रमुख नहीं बन सकता और न ही निम्मी को पा सकता है निम्मी उसे लगातार उकसाती रहती है। वह इसे अनसुना करना चाहता है, लेकिन उसके भीतर जहर घोलने में निम्मी को क्रमशः कामयाबी मिलने लगती है। इसे लेकर मकबूल निरंतर द्वंद्व और तनाव में रहता है। एक ओर उसे निम्मी का प्रेम अपनी ओर खींचता है और दूसरी ओर अब्बाजी का उस पर भरोसा उसे दबाव में बनाए रखता है। अब्बाजी का एक दाहिना हाथ

है, को (पियूश मिश्रा) जो मेकबेथ के बांकों की भूमिका में दिखता है। उसका जवान बेटा गुड्डू (आजय गेह) अब्बाजी की बेटी समीरा (मसुमेह मखीजा) से प्रेम करता है। दोनों ही एक दूसरे के प्रेमपाश में बंधे हुए हैं। इनके बीच दो इन्सपैक्टर हैं, पंडित (ओम पुरी) और पुरोहित (नसीरुद्दीन शाह) ये दोनों इस पूरे गिरोह के लोगों के बीच तरह तरह के खेल खेलते हैं और अपने हास्य अभिनय से दर्शकों का मनोरंजन भी करते हैं। निम्मी भी कई तरह के खेलों में एक साथ शामिल रहती है। अपने पति के विरुद्ध मकबूल को उत्तेजित करती ही है, साथ ही समीरा और गुड्डू के साथ भी खेलती है, क्योंकि उसे संदेह है कि यदि कल को उनका विवाह हो जाए तो अब्बाजी की जगह गुड्डू ही लेगा, मकबूल नहीं यह वह नहीं होने देना चहती है। वह एक तीर से कई निशाने साधना चाहती है। अब्बाजी की हत्या, मकबूल पर अपना वर्चस्व और अब्बाजी के स्थान पर मकबूल को देखना। जब अपनी भावनाओं पर मकबूल नियंत्रण नहीं रखता है, तब वह सोते समय अब्बाजी की हत्या कर देता है और अब्बाजी के स्थान पर खुद तैनात हो जाता है। निम्मी अपने मिशन में सफल हो जाती है, लेकिन उसके बाद एक के बाद कई कीमतें उन्हें चुकानी पड़ती हैं। दल में दरार पैदा हो जाती है एक ओर निम्मी और मकबूल हैं और उनके आदमी और दूसरी ओर हैं, काका, गुड्डू और उनके आदमी। इन दोनों के बीच खूनखराबा होता है और इसका शिकार बनता है काका। उसकी हत्या हो जाती है इसके बाद दुश्मनी और बढ़ जाती है। निम्मी एक बच्चे को जन्म तो देती है, लेकिन वह खुद बुरी तरह अस्वस्थ हो जाती है, जिसे मकबूल अस्पताल से उठा लाता है। उसकी संतान अभी अस्पताल में ही है। दोनों के भीतर अब्बाजी की हत्या का खौफ बैठ जाता है, जो हर समय किसी प्रेत की तरह उन्हें दबोचे रहता है। इससे निम्मी लगभग पागल हो जाती है और मकबूल कमजोर पड़ने लगता है। पुलिस की दबिश जब मकबूल पर बढ़ जाती है, तब इधर निम्मी दम तोड़ देती है और उधर मकबूल भाग जाता है। वह अपनी संतान के लिए अस्पताल आता है। आगे उसकी संतान का क्या होगा, यह वह भी नहीं जानता है, लेकिन अस्पताल पहुंचने पर देखता है कि समीरा और गुड्डू उस बच्चे को लेने आए हैं, जिसकी गोद में डॉक्टर बच्चे को लेने देती है। एक तरह से मकबूल समझ जाता है कि उसका अंत आ चुका है। पिता सरीखे अब्बाजी को वह मार डालता है। जिस निम्मी से प्रेम किया था और जिसके कहने पर ही अब्बाजी को मार था, वह खुद अपनी शारीरिक और मानसिक बीमारी से त्रस्त

होकर मारी जाती है। जिस बच्चे को उन्होंने जन्म दिया, वह समीरा की गोद में चला जाता है। इसलिए लगभग एक कोमा की-सी स्थिति में मकबूल अस्पाताल से बाहर निकलता है और जैसे बिना किसी लक्ष्य और रास्ते के आगे बढ़ जाता, बेजान-सा और वहीं वह अपने दुश्मन की गोलियों का शिकार होकर मारा जाता है। जिस मकबूल के पास पहले बहुत कुछ था, लेकिन सब कुछ पाने के लोभ-मोह में वह सारा कुछ खो बैठता है। मकबूल के त्रासद अंत के साथ फिल्म की कहानी भी समाप्त हो जाती है। एक तो इस कहानी में यथासंभव शेक्सपियर के विख्यात नाटक मेकबेथ के साथ न्याय करने की कोशिश की गई है साथ है उसे भारतीय परिवेश में भी बड़ी खूबी से ढाला गया है तथा हिन्दी सिनेमा को कथानक की दृष्टि से एक नया आयाम दिय गया है। यों भी सिनेमा मूलत: निर्देशक का माध्यम माना जाता है और विशेषकर इस फिल्म से यह बात और भी पुष्ट हो जाती है। प्रत्येक दृश्य में निर्देशक की समझ और सूझ का अनुभव होता है। सबसे पहले तो विशाल भारद्वाज की प्रशंसा इस बात के लिए की जा सकती है कि वे संगीत के साथ निर्देशन के क्षेत्र में आए और जितनी सफलता उन्हें संगीत में मिली उतनी ही निर्देशन में भी। सिनेमा के अन्यान्य क्षेत्रों से निर्देशन में आने वाले लोग तो काफी मिल जाते हैं, लेकिन संगीत से निर्देशन में आने वाले लोगों की संख्या शायद बहुत ही कम होगी। उन कम लोगों में विशाल भारद्वाज का स्थान काफी ऊपर दिखता है। खासकर शेक्सपियर के नाटकों को एकाधिक बार अपनी फिल्मों का आधार जिस रूप में उन्होंने बनाया, वह उनकी अपनी विशेषता है। सामान्यता: ऐसे महान नाटकों का किसी अन्य माध्यम में रूपांतर काफी मुश्किल होता है और उस पर उसे भारतीय परिवेश और पात्रों का जामा पहनाना और सबसे बढ़कर उसे हिन्दी सिनेमा के अनुकूल बनाना काफी चुनौतीपूर्ण कार्य है, जिसे अंजाम देकर विशाल ने अपनी निर्देशकीय क्षमता का परिचय दिया है। मेकबेथ शेक्सपियर की बहुचर्चित कृतियों में से एक मानी जाती है, ऐसी कृति के सार को किसी अन्य देशकाल में परिवर्तित करना बहुत साहस का काम है, जिसे विशाल ने सफलतापूर्वक किया है। ऐसे रूपांतर-विधान में बुनियादी रूप में यह आवश्यक होता है कि यदि दर्शक शेक्सपियर के नाटक से पूरी तरह अनभिज्ञ है तो भी उसे सिनमा देखने और समझने तथा अनुभव करने का एक अवसर भरपूर मिले। इस फिल्म से शेक्सपियर और उनके नाटक मेकबेथ को निकाल भी दें तो भी एक हिन्दी फिल्म के रूप में भी यह सफल दिखती है। जब इससे

शेक्सपियर और मेकबेथ का आधार जुड़ जाता है तो उसका महत्व और मूल्य और बढ़ जाता है। जो बात निर्देशकीय आधार पर इस फिल्म के पक्ष में जाती है, वह है, उसके दृश्यों के विधान में नाटकीयता का प्रयोग। कई दृश्य कुछ इस तरह का अनुभव प्रदान करते हैं, जैसे हम उन्हें किसी फिल्म में पर्दे पर नहीं, बल्कि किसी रंगमंच पर देख रहे हैं। इससे नाटक की आत्मा सुरक्षित रहती है। बिना कृति की आत्मा को मारे यदि कोई कहें कि फिल्म औसत भी सफल होती है, तो उसकी सफलता का प्रतिशत बढ़ जाता है। फिल्म का आरंभ उसका प्रथम परिचय होता है। वास्तव में यहीं एक निदर्शक के साथ हमारा संवाद शुरू हो जाता है और संवाद का रूप और संवाद की भाषा का स्वरूप भी बहुत कुछ वहीं से स्पष्ट होने लगता है। आरंभ में एक तरह की धुंध-सी मिलती है और किसी की उंगलियां, उस शीशे पर कुछ लकीरें खींचने की कोशिश कर रही होती हैं। किसी पात्र के चेहरे से पहले उसके संवाद सुनाई पड़ते हैं और संवादों के साथ उसके मनोभाव भी मूर्त होने लगते हैं तब पात्र हमें दिखाई पड़ता है। यह एक निर्देशकीय कौशल है। उसी तरह जब फिल्म में पहली बार मकबूल का नाम आता है तब हमारा मकबूल से पहला साक्षात्कार होता है। आरंभ में ही कुछ तेजी से एक के बाद एक घटनाएं घटती हुई दिखती हैं और दृश्य बड़ी तेजी से बदलते हैं, जिसके माध्यम से आने वाली स्थितियों का एहसास एक कोलाज की तरह पहले करा दिया गया है। और उसके बाद निर्देशक एक-एक घटना के विस्तार में जाता है। इस तेजी और घटना कोलाज से दर्शकों के मन में स्वाभाविक रूप से फिल्म के प्रति कौतूहल उत्पन्न हो जाता है। यह एक अच्छे और सधे हुए निर्देशक की पहचान इस बात से भी होती है कि वह अपनी फिल्म के लिए कौन से कलाकारों का चयन करता है। इस फिल्म के चार स्तंभ हैं। पहला है जहांगीर की भूमिका में पंकज कपूर, जिनके अभिनय की क्षमता पर संदेह की कोई संभावना नहीं रह जाती है। निम्मी के रूप में तब्बू की, जिसने लेडी मेकबेथ के निहित स्वार्थ को निभाने में कोई कसर नहीं छोड़ी। वह आम ग्लैमर नायिका भी नहीं है, बल्कि हिन्दी सिनेमा की एक समझदार और परिपक्व अभिनेत्री मानी जाती है। मकबूल के रूप में इरफान का चयन इसलिए सही है कि इधर उसने लगभग अपनी सभी फिल्मों में अपने होने का एक अलग एहसास कराया है और वह एक भरोसे का सक्षम अभिनेता प्रमाणित हुआ है। इस का चौथा स्तंभ है, पियूष मिश्रा, जिसके अभिनय की सघनता से सभी वाकिफ हैं। वह हमेशा कुछ अलग तरह की

भूमिकाओं में जान फूंकता रहा है। आम फिल्मी टाइप चरित्रों से काफी अलग और अनोखा। ऐसी भूमिका के लिए किसी मजे हुए अभिनेता की आवश्यकता थी और उसे पूरा करने के मामले में पियूष मिश्रा ने अपने को प्रमाणित भी किया है। इस कलाकार चयन से वास्तव में निर्देशक की सूझ-बूझ और समझदारी का ही परिचय मिलता है।

निर्देशकों को कई बार यह सोचना पड़ता है कि दर्शकों को किस तरह फिल्म के साथ आरंभ में ही जोड़ दिया जाए। ऐसा करना फिल्म के हित में होता है। एक बार दर्शक का जुड़ाव हो जाता, तो वह काफी समय तक काम करता है। विशाल भारद्वाज इसे समझते हैं, इसीलिए उन्होंने आरंभ में ही हिन्दी सिनेमा के दो चर्चित और लोकप्रिय अभिनेताओं को प्रस्तुत किया, वह एक बिलकुल नए अंदाज के साथ। ओमपुरी और नसीरुद्दीन शाह हिन्दी सिनेमा के दो ऐसे कलाकार हैं, जिनकी अभिनय क्षमता प्रमाणित है। वे कला सिनेमा से लेकर व्यावसायिक सिनेमा तक समान रूप से जाने-माने जाते हैं। विशाल ने उन्हें लगभग विदूषकों के रूप में चित्रित किया है। सामान्यत: हम उन्हें इस अंदाज में नहीं देखते हैं। उन्हें अलग-अलग फिल्मों में कॉमिक अभिनय में अवश्य देखा है, लेकिन शायद बहुत कम फिल्मे ऐसी होंगी जिनमें उन्होंने साथ कॉमेडी की हो। फिल्म में उनकी उपस्थिति आम दर्शकों के मनोरंजन की दृष्टि से एक अच्छा चुनाव है। चूंकि इस फिल्म में अब्बाजी को अंडरवर्ल्ड के प्रमुख के रूप में चित्रित किया गया है, इसलिए पहले उसके आतंक की चर्चा होती है। चर्चा में जब चरित्र से लगभग हम मौखिक रूप से अवगत हो चुके होते हैं, तब उसे चाक्षुष रूप में सामने लाया गया है। निर्देशक को इस बात की एक अच्छी समझ है कि किस पात्र को कब, किन परिस्थितियों में दर्शकों के सामने प्रस्तुत करना है। जिस प्रकार फिल्म का आरंभ एक विशेष अर्थ और प्रभाव की सृष्टि करना है, उसी तरह उसका अंत भी काफी संयमित और संतुलित है। इस तरह की फिल्म में, जिसमें गैंगवार की प्रमुखता होती है, यही होता आया है कि अंत बहुत मुखर होता रहा है। हिन्दी सिनेमा की एक सामान्य प्रवृत्ति भी यही है कि अंत मुखर हो। इसके पीछे उद्देश्य यह रहता है कि वह प्रभावशाली बने, लेकिन हर वह अंत जो मुखर होता है, अनिवार्य नहीं कि प्रभावशाली भी हो। इस फिल्म का अंत अपने ढंग का है। निम्मी की मृत्यु के बाद जब मकबूल अपने घर में चारों ओर से पुलिस द्वारा घेर लिया जाता है, तभी वह समझ जाता

है कि उसका खेल खत्म होने वाला है और उसका अंत निकट आ चुका है। इसीलिए वह अपने जीवन की अंतिम जोत को लेने, यानी अपनी संतान के लिए अस्पताल पहुंचता है। अब आगे न तो उसका कोई भविष्य है और न उसकी संतान का, लेकिन वह अपनी संतान को लावारिस हालत में छोड़ नहीं सकता है, जब वह अस्पताल पहुंच कर देखता है कि समीरा और गुड्डू डॉक्टर से उसकी संतान को ग्रहण कर रहे हैं, तब जैसे उसके सामने सिवाय अपने जीवन को नियति के हाथों सौंप देने के और कोई उपाय नहीं रह जाता है। वह शांत हो जाता है। जैसे निर्जीव और निस्पंद। जीते जी भी एक शव की भांति वह अस्पताल से बाहर निकलने लगता है, जहां गुड्डू का भाई उसे देख लेता है और पीछे से गोलियां चलाकर वह उसे मार डालता है, जबकि शायद मानसिक रूप से वह पहले ही मर चुका था। इस तरह वह अपनी मौत को खुद ही आमंत्रित करता है। न वह उत्तेजित होता है, न भागता है न अपने को बचाने की कोई कोशिश करता है और न ही पलटकर अपने दुश्मन पर वार करता है। अंत इस तरह बहुत अलग, शांत गैंगवार फिल्मों के औसत अंत से अलग और प्रभावशाली है। यह प्रभाव काफी समय तक हमारे भीतर बना रहता है। ऐसी स्थिति में पूरे प्रसंग पर इतना नियंत्रण किसी सामान्य निर्देशक के लिए संभव नहीं है। उसमें बहुत संयम से काम लेने की आवश्यकता होती है। विशाल ने इसमें उस संयम और संतुलन का परिचय देते हुए फिल्म के अंत को ऐसी फिल्मों के मुखर अंत की शैली से अलग रखा है, जो उनकी अपनी क्षमता का भी परिचायक बन जाता है। यह सच है कि जब विशाल शेक्सपियर के महान नाटक मेकबेथ पर फिल्म बनाते हैं, तो उनका पहला ध्यान इस बात पर होता है कि नाटक की आत्मा सुरक्षित हो। उसके साथ कोई छेड़छाड़ न की जाए। मूल कथानक के साथ कोई इस तरह का कार्य किया भी नहीं गया है, लेकिन आत्मा को सुरक्षित रखने का एक उपाय निर्देशक को यह भी लगा होगा कि वह यथासंभव उसके दृश्यों की नाटकीयता को बनाए रखो। यह होना भी चाहिए। होता भी रहा है, लेकिन दृश्यों की नाटकीयता जब किसी फिल्म माध्यम पर भारी पड़ने लगती है, तो फिल्म की अपनी भाषा कमजोर पड़ने लगती है। ऐसा इस फिल्म में भी हुआ है। इस भाषा से अलग जहां-जहां विशाल ने नाटकीय विधान को प्राथमिकता दी है, वहां दृश्य सफल रहे हैं अर्थात् उनका अपेक्षित प्रभाव पड़ता है लेकिन जब वे नाटक से निकलकर सिनेमा के अपने विधान की ओर आते हैं तब वह कमजोर दिखता है। उसका

अपेक्षित प्रभाव उत्पन्न नहीं हो पाता है। इन दोनों को साथ लेकर चलने में एक निर्देश्क के रूप में उनका संतुलन कुछ बिगड़ा है। किसी एक विधान का उपयोग शायद फिल्म के हित में अधिक होता। कहा जा सकता है कि वे इनडोर दृश्यों में जो प्रभाव पैदा कर पाते हैं, वह आउटडोर दृश्यों में नहीं दिखता है। नाटक को नाटक की शैली में प्रस्तुत करने में वे काफी हद तक सफल रहे हैं, लेकिन नाटक को सिनेमा में लाने के मामले में उनकी सफलता किंचित् संदग्धि हो जाती है। इसके बावजूद यह फिल्म निर्देशक कला-कौशल का एक दृष्टांत अवश्य है।

शेक्सपियर के नाटक कालजयी माने जाते हैं। उनकी प्रासंगिकता मात्र अपने समय-काल तक ही सीमित नहीं है। कालजयी रचनाएं वही मानी जाती हैं, जो काल की सीमाओं को लांघकर भी अपनी प्रासंगिकता बनाए रखती हैं। युग बदलता रहता है, उसके अनुरूप परिवेश बदलता है और समय तथा समाज में निरंतर परिवर्तन आते रहते हैं। इन सब के बाद भी यदि कोई रचना हर नए युग में एक नई अर्थवत्ता के साथ सामने आती है, तो उसकी प्रासंगिकता होती है और साथ ही उसकी कालजयिता भी। जैसा कि पहले कहा गया है हिन्दी सिनेमा के प्राचीन काल में भले ही देश-विदेश की सुप्रसिद्ध रचनाओं पर फिल्में बनाने की परंपरा रही हो, लेकिन आधुनिक काल में इसकी परंपरा लुप्त प्राय होती जा रही है। इधर हिन्दी सिनेमा में विषय तकनीक और समाज की दृष्टि से रचनात्मक परिवर्तन आए हैं, परंतु साहित्य पर फिल्म-निर्माण की परंपरा सिमटती जा रही है और वह प्रवृत्ति हाशिए पर दिख रही है। हॉलीवुड में घोर व्यावसायिक फिल्में बनती हैं, पर वहां भी विश्व प्रसिद्ध कृतियों पर फिल्म निर्माण की परंपरा बहुत समृद्ध है। इस ओर हमारे निर्माताओं और निर्देशकों का ध्यान जाता ही नहीं है। यह दुख और दुर्भाग्य की बात है। ऐसे माहौल में विशाल भारद्वाज जो कार्य कर रहे हैं, उसका महत्व और भी बढ़ जाता है। शेक्सपियर के कालजयी नाटकों को आधार बनाकर फिल्म निर्माण एक बड़ी उपलब्धि है। ऐसा भी नहीं है कि उन्होंने जैसे-तैसे फिल्म बन डाली हो, बल्कि उनमें उनकी निर्देशकीय समझदारी और रचना की संवेदनशीलता भी मिलती है। एक प्रश्न यह उठ सकता है कि उन्हें शेक्सपियर के बहु पठित और बहुचर्चित नाटक पर फिल्म बनाने की आवश्यकता का अनुभव क्यों हुआ। निश्चय ही इसमें जोखिम भी था और चुनौती। मात्र शेक्सपियर के एक महान नाटक को

हिन्दी में बनाने का श्रेय लेना ही उनका लक्ष्य नहीं था। श्रेय उनको मिला, यह उनकी सफलता और उपलब्धि है। निश्चय ही उन्होंने यह अनुभव किया होगा कि यह नाटक आज भी कम प्रासंगिक नहीं है। विषय की दृष्टि से इसकी प्रासंगिकता पर विचार किया जाए तो वह दो तरह प्रमाणित से होती है। पहला यह कि जिस तरह जिस परिवेश में विशाल ने इस फिल्म को प्रस्तुत किया, अर्थात् मुंबई के अंडरवर्ल्ड और गैंगस्टर्र पर, वह आज के भारतीय समाज का एक बड़ा अभिशाप और कोढ़ है। आए दिन मुंबई तथा अन्य शहरों के इनके बीच खून-खराबा जारी रहा है, बल्कि इसकी जड़ें अब आतंकवाद तक फैल चुकी हैं। इसलिए इस परिवेश और उसकी वास्तविकता पर संदेह नहीं हो सकता और दूसरा यह कि इसकी प्रासंगिकता मानवीय संबंध और व्यवहार से भी उतना ही है। यह और भी महत्वपूर्ण तथा शाश्वत प्रासंगिकता है। इधर साहित्य में नारी-विमर्श के नाम पर नारियों की ताकत की ही बात अधिक की जाती है, लेकिन इतिहास इस बात का भी साक्षी है कि जितने भी खून-खराबे हुए हैं, सल्तनतें तक बर्बाद हुई हैं, उसके पीछे भी नारी की कुटिलता और महत्वाकांक्षा कम अहं नहीं रही हैं। मेकबेथ नारी के उस काले पक्ष को सामने लाती है, जिसे झुठलाया नहीं जा सकता है। उस नाटक में और इस फिल्म में जो भी घटनाएं-दुर्घटनाएं होती हैं, जो भी हिंसा-हत्याएं होती हैं उनके पीछे अब्बाजी की बीवी निम्मी की राक्षसी प्रवृत्तियां ही प्रमुख रही हैं। उसी ने लगातार अब्बाजी के पुत्रवत मकबूल को उनकी हत्या के लिए उकसाया। उससे प्रेम की अपनी भूख बढ़ा ली। वह प्रेम मानसिक कम और शारीरिक ही अधिक प्रतीत होता है। इसलिए कि उसके पति अब्बाजी उससे उम्र में न केवल बड़े थे, बल्कि शायद वे शारीरिक रूप से अपनी बीवी को संतोष देने में समर्थ नहीं थे। ऐसे में किसी युवा और ऊर्जावान पुरुष के प्रति उसका आकर्षण अस्वाभाविक नहीं था, लेकिन उसकी भूख केवल इतनी ही नहीं थी। वह तो न केवल मकबूल का पूरा पाना चाहती थी, बल्कि अब्बाजी के स्थान पर मकबूल को देखना भी उसकी अमानवीय महत्वाकांक्षा का एक अंग था। तभी वह एक ओर मकबूल को मानसिक रूप से इस कदर असंतुलित कर डालती है कि वह अपने पिता तुल्य व्यक्ति की निर्मम हत्या कर देता है और दूसरी ओर वह समीरा और गुड्डू को भी अपने रास्ते से हटाने को तत्पर रहती है। इस रूप में नारी के चरित्र का जो स्याह पक्ष इसमें आया है, वह किसी क्रूर पुरुष से किसी मायने में कम नहीं है। वह साहित्य के क्षेत्र में इतिहास की क्रूरतम महिलाओं

में एक मानी जा सकती है, भले ही उसका वास्तविक अस्तित्व न हो और वह शेक्सपियर की मानसिक उपज हो, लेकिन नारी की इस सचाई को नकारा नहीं जा सकता है। कहीं न कहीं आज भी नारी की यह मानसिकता बनी हुई है। यह सच है कि एक ओर नारी ने कई क्षेत्रों में पुरुषों को भी मात दी है। उसने अपना आकाश रचा है और अपनी उड़ान भरी है, लेकिन यह एक उजला पक्ष है, इसके साथ एक काला पक्ष भी है कि आज की नारी अधिक महत्वाकांक्षी, अधिक व्यावहारिक और अधिक आत्मकेन्द्रित भी हुई है। कहीं न कहीं आज की नारी में लेडी मेकबेथ की प्रवृत्तियां उभर रही हैं और तब का यह नाटक और अब यह फिल्म इस खतरे की ओर संकेत करती है। रही बात अब्बाजी, मकबूल गुड्डू और काका की, तो वे तब भी थे और आज भी हैं। नारी में लगातार बदलाव आया है। बड़ी तेजी से आया है। वह आज जितनी सकारात्मक हुई, शायद उतनी ही नकारात्मक भी हो रही है। इस नकार से ही संहार की यात्रा शुरू होती है, जिसकी दृष्टांत लेडी मेकबेथ है या मकबूल की निम्मी। इस आधार पर यह फिल्म जितनी महत्वपूर्ण प्रतीत होती है, उतनी ही प्रासंगिक और समसामयिक भी। अंडरवर्ल्ड और उसमें वर्चस्व की लड़ाई, इस फिल्म को प्रासंगिक तो बनाती ही है, उससे बढ़कर आज के समय में नारी के संदर्भ में विकास और विनाश की दृष्टि से यह और भी समकालीन प्रमाणित होती है। इस आधार पर इस फिल्म का विषय आज भी उतना ही जीवंत और ज्वलंत है, इसलिए विषयगत चुनाव आज के समय और समाज के आधार पर एक सही चुनाव है, यह अनुभव होता है। यूं ही मेकबेथ जैसे नाटक के प्रभाव में आकर इसके निर्माण का निर्णय नहीं किया गया है, बल्कि निर्देशक ने इसे आज के समय-संदर्भ से जोड़ा है। तात्कालिक रूप से और शाश्वत रूप से भी। इससे फिल्म के विषय का विस्तार होता है।

जहां तक अभिनय पक्ष की बात है, कलाकारों का चयन अपनी भूमिकाओं के अनुसार गलत नहीं है। यों बॉलीवुड में ऐसे और भी समर्थ अभिनेता हैं, जो इनमें से कोई भी भूमिका निभा सकते थे और उसका प्रभाव कमतर भी नहीं होता। कई बार निर्माता का आग्रह किसी अभिनेता के लिए होता है। निर्देशक की अपनी रुचि तो होती ही है साथ ही भूमिका विशेष के लिए कई बार अपेक्षित कलाकार उपलब्ध भी नहीं होते हैं। कुछ अभिनेता किसी भी तरह की भूमिका के लिए तैयार नहीं होते हैं, भले ही वे उसके

उपयुक्त हों। इतने तरह के समीकरणों के बीच अभिनेता वर्ग का चुनाव होता है, इसलिए समझौता भी करना पड़ता है। यों इस फिल्म में जो कलाकार लिये गये हैं, उसकी क्षमता पर संदेह नहीं किया जा सकता है। उन्होंने अपने ढ़ंग से अपने पात्रों को जीवंत बनाने में अपनी ओर से कोई कोर-कसर भी नहीं छोड़ी है। इसके बावजूद उनकी कला पर विचार करने की आवश्यकता हो जाती है। सिनेमा को कितना भी निर्देशक का माध्यम क्यों न कहा जाता हो, पर कलाकरों के अभिनय का भी महत्व कम नहीं होता है। भारतीय सिनेमा ने अब तक यही प्रमाणित किया है कि अंततः फिल्म की सफलता या असफलता उसके अभिनेता वर्ग पर ही निर्भर करती है। हिन्दी सिनेमा में यह स्थिति और भी स्पष्ट है कि शायद ही कोई फिल्म निर्देशक के कारण सफल हुई हो। निर्देशक को भी अपने अभिनेताओं पर ही निर्भर करना पड़ा है। एक कुशल निर्देशक उनसे बेहतर काम ले सकता है, लेकिन काम उन्हीं को करना पड़ता है और फिल्म का अधिकांश दारोमदार भी उन्हीं पर रहता है। इस आधार पर यह नहीं माना जा सकता है इस फिल्म में जो कलाकार हैं, वे अपनी भूमिकाओं के सर्वथा उपयुक्त हैं और वे अपने अभिनय में सौ फी सदी सफल हैं। कहने का तात्पर्य यह है कि जिन भूमिकाओं के लिए जिन कलाकारों को लिया गया है, उनके स्थान पर दूसरे कलाकारों की भी कल्पना की जा सकती है। ऐसी कल्पना की संभावना वहां अधिक उत्पन्न होती है, जहां कलाकारों का काम अच्छा पर औसत होता है। जहां यह अनुभव होता है कि किसी अभिनेता ने अपनी भूमिका को इतना सजीव बना दिया है कि उसकी जगह किसी अन्य की कल्पना ही नहीं की जा सकती है, वहां अन्य वाला विकल्प भी समाप्त हो जाता है। इस दृष्टि से यह कहा जा सकता है कि इस फिल्म में जिस अभिनेता वर्ग का चुनाव किया गया है, वह अच्छा है और उपयुक्त भी है। साथ ही यह भी कि किसी भी कलाकार ने इस हद तक प्रभावशाली अभिनय नहीं किया है कि उसकी जगह किसी अन्य की बात ही न सोची जा सके। जैसा कि पहले कहा गया है कि इस फिल्म में अभिनय के चार स्तंभ हैं-पंकज कपूर (अब्बाजी), निम्मी (तब्बू), मकबूल (इरफान खान), और काका (पियूष मिश्रा)। पंकजकपूर अपनी भूमिका में जंचते हैं, लेकिन एक माफिया गिरोह के सरगना होने और उसके रौबदाब का अनुभव नहीं होता है। वे काफी हद तक अंडर प्ले करते हैं, जो एक अंडरवर्ल्ड के नेता के अनुकूल कम लगता है। दूसरे उन्होंने इतने धीमे और शब्दों को कुछ इस भीतर ही भीतर बोलने की शैली

अपनाई है कि कई संवाद अस्पष्ट हो जाते हैं, इसलिए उनकी भूमिका का जो प्रभाव अपेक्षित है, वह पड़ता नहीं है, लेकिन इसका यह अर्थ नहीं है कि वे अपनी भूमिका निभा ही नहीं सके। निभाया, किंतु उसे और भी प्रभावी रूप में निभाने की आवश्यकता थी। तब्बू भी इसी तरह ठीक-ठाक है, लेकिन वह भी अपेक्षित प्रभाव नहीं उत्पन्न कर पाती है, शायद इसका एक कारण है, इस तरह की भूमिका के लिए उसकी किंचित अनुपयुक्तता। यह भूमिका बुनियादी रूप में तब्बू की अभिनय क्षमता और उसके स्वभाव के अनुरूप नहीं है। यों भी तब्बू के साथ कठिनाई यह है कि वह बहुत कम भूमिकाओं के ही उपयुक्त प्रतीत और प्रमाणित होती है। उनकी अपनी सीमाएं उसे इतना लचीला नहीं बनाती हैं कि वह किसी भी तरह की भूमिका के अनुकूल ढल जाए। काम उसने भी अच्छा किया है, लेकिन वह औसत से अधिक नहीं है। मकबूल की भूमिका में भी कमोबेश इरफान खान का यही हाल है। पूरी फिल्म में न कहीं वे खुल पाते हैं, न खिल पाते हैं उनकी भूमिका भी कुछ ऐसी है कि मकबूल लगातार किसी दबाव और तनाव में ही रहता है, लेकिन इसका अर्थ यह नहीं है कि कलाकर की कला भी दबी-सिकुड़ी जान पड़े। काम करने में इरफान ने भी कोई कमी नहीं रखी है, लेकिन मकबूल की भूमिका को जितना जीवन देना जरूरी था, वे भी नहीं दे पाए। उस भूमिका की खसियत ही यह है कि उसका अंतर्द्वंद्व ही अधिक मुखर है, जब कि इस मामले में इरफान कुछ कमजोर दिखते हैं। चूंकि वे मुख्य भूमिका में हैं, इसलिए उनके अभिनय का अपेक्षा से कम होना फिल्म की कमी बन जाती है। इस पूरी फिल्म में जिस अभिनेता ने सर्वोत्तम कार्य किया है, वह पियूष मिश्रा है। एक तो वे अपेक्षाकृत बॉलीवुड के कुछ कम जाने माने अभिनेता हैं और दूसरे उन्होंने अपने पात्र को इतना सजीव बना दिया है कि पियूष मिश्रा पर काका हावी हो जाता है और ऐसा होना ही उनकी सफलता का कारण है। यों भी पियूष हमेशा अपने विशिष्ट अभिनय के लिए जाने जाते हैं। वे कुछ अलग किस्म की भूमिकाएं भी निभाते हैं, इसलिए उनके पात्र उन्हें यादगार बना देते हैं। कुल मिलाकर यह कहा जा सकता है एक पियूष मिश्रा ही ऐसे अभिनेता हैं, जिनकी जगह किसी अन्य अभिनेता की बात मन में नहीं आती है, क्योंकि वे खुद इसके सर्वथा उपयुक्त प्रतीत होते हैं और उन्होंने खुद को प्रमाणित भी किया है। शेष भूमिकाओं में अन्य कलाकर ठीकठाक लगते हैं। उनके अभिनय में ऐसा कुछ अलग नहीं है, जिसका पृथक् उल्लेख आवश्यक हो। नसीरुद्दीन शाह और

ओमपुरी, इस फिल्म में अपनी अन्य फिल्मों से काफी अलग-थलग लगते हैं। वे दोनों कला और व्यावसायिक दोनों तरह की फिल्मों के सिद्धहस्त कलाकार माने जाते हैं। उन्होंने कुछ कॉमेडी भूमिकाएं भी की हैं, लेकिन वे मूलतः गंभीर प्रकृति के अभिनेता हैं और वैसी भूमिकाएं ही उनके अनुकूल भी पड़ती हैं। यों कोई मंजा हुआ अभिनेता हर तरह की भूमिका के साथ न्याय करने की क्षमता रखता है और उतना भर तो उन्होंने भी इस फिल्म कें किया, लेकिन उन्हें इस तरह की भूमिकाओं में देखना अटपटा लगता है और और अनुभव पूरी फिल्म में बना रहता है। शेक्सपयिर के नाटकों में विदूषकों की परंपरा मिलती है। उसी के आधार पर पंडित और पुजारी की कल्पना इसमें की गई है, लेकिन वे अपना काम ठीकठाक करते हुए भी अपनी भूमिकाओं में जमते नहीं हैं। वैसी ऐसी हल्की-फुल्की भूमिकाओं के लिए ऐसे अभिनेताओं की आवश्यकता भी नहीं थी। यह एक तरह का व्यावसायिक समझौता हो सकता है, लेकिन इससे सचमुच कितना व्यावसायिक लाभ हुआ होगा, यह भी संदेहास्पद है। बेहतर होता कि इसके लिए अपेक्षाकृत कुछ कम प्रसिद्ध लेकिन सक्षम अभिनेताओं का चुनाव किया जाता ताकि जिस तरह नसीर और ओम को अपने इमेज और अपनी भूमिका का द्वंद्व झेलना पड़ा शायद वह नहीं झेलना पड़ता और वे अभिनेता अपनी कॉमिक भूमिकाओं में अधिक जीवंत प्रमाणित होते। तब उनके इमेज और पात्र के स्वभाव या प्रकृति का एक तालमेल पैदा नहीं होता।

इसमें कोई संदेह नहीं कि विशाल भारद्वाज ने फिल्म के दृश्य-विधान पर विशेष ध्यान दिया है, फिर भी यदि दृश्य कहीं उतने प्रभावशाली और संवेदनशील नहीं बन पाए हैं तो यह उनकी सीमा है। हमें यह नहीं भूलना चाहिए कि वे मूलतः एक संगीतकार हैं और बाद में निर्देशन की ओर आए हैं। आरंभ से वे इसी क्षेत्र से जुड़े होते और लगातार अनुभव-समृद्ध होते तो शायद मकबूल फिल्म में और भी परिपक्वता आती, उसका स्तर बढ़ता और वह और ऊंचाई प्राप्त करती, किंतु एक निर्देशक के रूप में उनकी सीमा, उनकी फिल्मों की सीमा भी बन जाती है। दूसरी बात यह है कि उन्होंने शेक्सपियर के विश्व विख्यात नाटकों को अपनी कुछ फिल्मों का आधार बनाया है, जिसमें निर्देशन की अधिक प्रौढ़ता की आवश्यकता होती है। इन सीमाओं के बावजूद उन्होंने जिस तरह से एक निर्देशक के रूप में मेकबेथ नाटक के रूपांतर की कल्पना फिल्म के रूप में की है और जहां तक भी वे अपनी इस कल्पना को साकार

कर पाए हैं, वह काफी सराहनीय है। दृश्य-विधान की दृष्टि से कुछ दृश्य निश्चय ही काफी अच्छे और कुछ प्रभावशाली बन पड़ें हैं। आरंभ में जिस तरह से दृश्यों का एक तेज कोलाज प्रस्तुत किया गया है, वह फिल्म में आने वाले दृश्यों की एक पूर्व सूचना बनती है, इसलिए उसकी सार्थकता बनी रहती है। कहानी से यह स्पष्ट हो जाता है कि निम्मी, मकबूल से बहुत प्रेम करती है, भले ही उसके पीछे उसके अपने स्वार्थ और महत्वाकांक्षा हो। जब किसी दरगाह पर जाने का प्रसंग आता है, वहां अब्बाजी मकबूल को उसके साथ कर देते हैं, यह पूरा प्रसंग एक साथ कई दृश्यों को लेकर चलता है। पैदल चलते हुए, बार-बार निम्मी का मकबूल से शारीरिक निकटता बढ़ाने की चेष्टा और उसकी चंचलता, मकबूल का उससे बचने के उपाय बावजूद इसके कि उसके मन में निम्मी के लिए कम आकर्षण नहीं है। अब्बाजी और उनके लोगों का दरगाह की ओर लगातार बढ़ना, वहाँ अन्य भक्तों की भीड़, इन सबके साथ दरगाह पर चल रही कव्वाली के दृश्य, यानी एक मुख्य दृश्य से कई अन्य दृश्य निकलते हैं और यहां एक निर्देशक का कला कौशल समझ में आ जाता है कि वह समानांतर शैली में एक साथ कितने दृश्यों के समन्वय में सफल होता है। इसमें कोई संदेह नहीं है कि उस दृश्य-विधान में विशाल ने कोई कमी नहीं रखी है, इसलिए वह एक गतिमान और दर्शकों को जोड़ने वाला दृश्य प्रमाणित होता है। इसी तरह का एक और दृश्य है, जब खेल-खेल में निम्मी मकबूल का रिवॉल्वर छीन लेती है और उससे बार-बार-मेरी जान, बोलने के लिए कहती रहती है। यह अपने ढंग का एक प्रेम दृश्य है। यह सही है कि मकबूल के मन मे निम्मी के लिए कम आकर्षण नहीं है, लेकिन जिस तरह से पिस्तौल की नोंक पर उसे वही कहना पड़ता है, जो निम्मी चाहती है, वह दृश्य एक मौलिक परिकल्पना लगती है। शायद ही आज तक हिन्दी सिनेमा में, गैर गंभीर रूप में सही, किसी नायिका ने नायक पर पिस्तौल तानकर उससे अपने प्रति प्रेम का इजहार करने को कहा हो। यह दृश्यों की परांपरा में एक नया आयाम जोड़ता है, भले ही वह बहुत औसत स्तर का हो। फिल्म का एक दृश्य काफी प्रभावशाली बना है। जब मकबूल और गुड्डू के बीच गैंगवार की स्थिति पैदा हो जाती है, तब उसका पहला बड़ा शिकार बनता है, अब्बाजी का वफादार काका, यानी गुड्डू का बाप। काका की लाश को जब मकबूल के दरवाजे पर लाया जाता है, तब सहानुभूति दर्शाने के लिए मकबूल उसकी ओर झुकता है। अचानक उसे लगता है कि लाश की आंखें खुल गई हैं और उसकी ओर

अपलक देख रही हैं। इससे मकबूल एकाएक असहज, अस्थिर, विचलित और भयभीत हो उठता है क्योंकि काका को मरवाने में उसी का हाथ था। उसका अपना अपराध बोध ही उसे यह असंभव अनुभव देता है, जो एकबारगी उसके अस्तित्व को झकझोर देता है। जैसे कि पहले कहा गया है इसमें अंत अपने ढंग का है। वह एक शांत मौत है। बिना किसी भगदड़ और आपा-धापी के उसे प्रस्तुत किया गया है। इसके पीछे निश्चय ही निर्देशक की यह सोच रही होगी कि जिसने अपने पिता तुल्य अब्बाजी का हत्या कर दी, जो अपनी प्रेमिका को खो बैठता है, जिसका दुश्मन उससे ताकतवर प्रमाणित हो रहा है, पुलिस उसकी खोज में है और अंत में उसकी संतान को समीरा और गुड्डू अपनी शरण में ले लेते हैं तब जैसे उसकी जिन्दगी में कुछ भी नहीं बचता है और एक तरह से वह खुद को अपने हत्यारों को सौंप देता है। यह हिन्दी सिनमा के, इस तरह की फिल्मों के अंत की परंपरा से निश्चय ही काफी अलग है और इसके लिए निर्देशक के इस दृश्य-विधान के लिए जितनी प्रशंसा हो सकती है, शायद उतनी ही आलोचना भी। आलोचना दृश्य संरचना की दृष्टि से कुछ और बातों के लिए भी की जा सकती है। एक दृश्य में, जहां मकबूल की पिस्तौल लेकर निम्मी उसे मेरी जान कहने का दबाव बनाती है, वह अपने आप में रोचक है, किंतु उसके लिए जिस लोकेशन का चुनाव किया गया है, वह अवश्य काफी अनावश्यक और अटपटा लगता है।उसे छोटी-मोटी पहाड़ी की चोटी पर फिल्माया गया है। उसके बदले शायद उसे अधिक स्वाभाविक रूप से दिखाया जा सकता था। लोकेशन के चुनाव की गड़बड़ी से उस दृश्य की रोचकता और मौलिकता घटती है। वह काफी कुछ बॉलीवुड दृश्य-सा लगता है, जो फिल्म के शेष दृश्य-विधान के मेल में भी नहीं है। इस फिल्म का एक बेहद महत्वपूर्ण दृश्य है, मकबूल द्वारा अब्बाजी की हत्या का दृश्य। एक ओर लगातार निम्मी का दबाव, खुद को अब्बाजी की जगह देखने की लालसा और अत्यधिक शराब का सेवन, धीरे-धीरे नष्ट होता उसका विवेक, उसके भीतर के शैतान का क्रमशः जगना, सबके बीच ही वह हत्या कर देता है। यहां तक तो दृश्य ठीक है, लेकिन इस पूरे दृश्य को शराब के नशे में मकबूल की शारीरिक और मानिसिक स्थितियों के धुंध और धुंधलके के बीच फिल्माने की निर्देशक की मंशा भी बहुत स्पष्ट है, परंतु इससे यह दृश्य यथार्थ कम और फैंटेसी अधिक बन गया है। कई बार दृश्यों की जटिल संरचना उसे और अधिक उलझा देती है और प्रभाव भी बिखर जाता है। यही कारण है कि दर्शकों को यह पता

नहीं चलता है कि सचमुच उसने अब्बाजी को मार डाला या कि यह अब तक यह उसकी कल्पना के स्तर पर ही है। अब्बाजी के मारे जाने के बाद ही उसका यथार्थ सामने आता है, जो थोड़ा चौंकाता है। मकबूल की हत्या के पूर्व मानसिक उथल-पुथल की स्थिति तो ठीक है, लेकिन पूरे दृश्य को इसका शिकार बनाने की आवश्यकता नहीं थी। इतना महत्वपूर्ण और संवेदनशील दृश्य यथार्थ और फैटेंसी के बीच उलझकर रह गया। जिस तरह समुद्र के किनारे पंडित और पुजारी से अपना भविष्य जानने के लिए मकबूल मिलता है, वह इस फिल्म का बहुत कमजोर दृश्य है। इस तरह के कमजोर दृश्य पूरी फिल्म के प्रभाव को कम कर देते हैं। इन सबसे बढ़कर और सबसे अलग, मकबूल और निम्मी पर मृत अब्बाजी का प्रेत छाया रहता है। वे इस प्रेत से मुक्त नहीं हो पाते हैं और उनका अपना अपराधबोध उनका दिन का चैन और रात की नींद हराम कर देता है। यह मेकबेथ नाटक का एक सबसे सबल मनोवैज्ञानिक पक्ष है, लेकिन मकबूल में यह अपेक्षा से कमतर है और वह द्वंद्व तथा तनाव-दबाव ठीक से निर्मित नहीं हो पाया है। जब कि इसे कई दृश्यों में कई बार दिखने और स्थापित करने की आवश्यकता थी। इसकी जगह अन्यान्य बातें उभर कर आई हैं, लेकिन जिस दृश्य-विधान को फिल्म में सर्वाधिक प्रमुखता मिलनी चाहिए थी, वही कमजोर है, जिससे फिल्म अपनी संपूर्णता में अपेक्षित प्रभाव पैदा नहीं कर पाती है और इसी बिंदु पर मेकबेथ नाटक के साथ न्याय भी नहीं कर पाती है। फिल्म में नाट्य-दृश्यों के लिहाज से, फिल्म पर नाटक हावी है।, यह नाटक के प्रति न्यायसंगत हो सकता है, लेकिन फिल्म माध्यम के प्रति नहीं। वास्तविक फिल्म-दृश्य अपेक्षाकृत कमजोर हैं।

आरिफ शेख का संपादन औसत है। न अच्छा, न बुरा। फिल्म में कम से कम जितने संपादन की आवश्यकता थी, उतना भर है, परंतु यह अनुभव होता है कि इसके संपादन को कुछ और चुस्त-दुरुस्त करने की आवश्यकता थी। यों संपादन की कोई कमी खटकती नहीं है, लेकिन शायद अपने कथानक के अनुरूप कम है। इस तरह की फिल्मों में कुछ अतिरिक्त गति की आवश्यकता होती है, जिससे फिल्म की पकड़ ढीली नहीं होती। ऐसा आद्योपांत नहीं हो पाया है। कहीं-कहीं गति अपेक्षा के अनुरूप है, पर कई जगह वह अपेक्षा से कम है। इस असंतुलन से बचना संभव होता तो फिल्म के प्रभाव में वृद्धि होती। दृश्यों के संपादन पर समुचित ध्यान दिया गया है, पर पूरी फिल्म

की गति पर उतना ध्यान नहीं दिया गया, जिससे गति समरूप नहीं है। कहीं फिल्म तेज भागती है और कहीं लगभग ठहर-सी जाती है। फिल्म का संगीत अच्छा है, अनुरूप भी। विशाल मुख्य रूप से संगीत के लिए ही जाने जाते हैं। उनके संगीत की अपनी शैली है, जो उन्हें अन्य संगीतकारों से अलग करती है। निश्चय ही उनका संगीत बॉलीवुड मार्का नहीं है। उसमें साहित्यिकता और कलात्मकता का मेल होता है। उसी तरह शास्त्रीयता और आंचलिकता का भी मिश्रिण मिलता है। उनके संगीत निर्देशन में, इस फिल्म में कई गायकों ने अपना योगदान दिया है, साधना सरगम, उस्ताद सुल्तान खान, अनुराधा श्रीराम, राकेश पांडित दलेर मेंहदी, सुबीर खान, डोमिनिख, रेखा वैश्य, संजीव अभयंकर आदि। इस सूची से स्पष्ट हो जाता है कि यह हमारे समय के बेहतरीन गायकों की टोली है। इसका असर फिल्म पर पड़ना ही था और जब इसके गीतकार गुलजार हो, तो वह सोने में सोहागा वाली बात हो जाती है। कई गीत काफी लोकप्रिय हुए हैं, झिन मिन झिनी.. रू ब रू.. रोने दे.. चिनगारी. निर्वाण.. आदि। संगीत इस फिल्म का एक विशेष पक्ष है, इसमें दो राय नहीं है, लेकिन शायद उन फिल्मों में, जिसमें विशाल भारद्वाज ने केवल संगीत दिया है, वे अपेक्षाकृत अधिक मधुर बने हैं। इस बात से इन्कार नहीं किया जा सकता है कि निर्देशन और संगीत संयोजन दोनों दायित्वों को एक साथ निभाने के कारण वे दोनों में सफल होते हुए भी औसत ही प्रतीत होते हैं। इस फिल्म का निर्देशक कोई और होता तो शायद इसका संगीत पक्ष और अधिक सार्थक होता। फिल्म के संवाद प्रशंसनीय हैं। वे अर्थपूर्ण हैं और कथानक, पात्र और परिवेश के अनुरूप हैं। संवादों का अपना सौंदर्य है और इसके पीछे इसके निर्माता-निर्देशक का कलात्मक रुझान स्पष्ट है। फिल्म का छायांकन निर्दोषपूर्ण है। अपेक्षा के अनुरूप है। वह कोई विशेष प्रभाव नहीं डालता है, जिससे छायांकन अपने आप में अलग और प्रभावशाली जान पड़े, लेकिन उसमें ऐसी कोई कमी नहीं है कि उससे फिल्म के संप्रेषण में बाधा उपस्थित हो। किसी भी फिल्म का दर्शकों से जोड़ने में छायाकार की भूमिका काफी महत्वपूर्ण होती है। इसलिए कि सिनेमा दृश्य माध्यम है। दृश्यों का छायांकन जितना आकर्षक और अर्थपूर्ण होता है, फिल्म की सफलता भी उतनी ही सुरक्षित होती जाती है। इसका ध्यान इसके छायाकार ने रखा है, इसलिए वह सराहनीय माना जा सकता है।

अपनी कमियों और खूबियों के साथ यह फिल्म न केवल महत्वपूर्ण है,

बल्कि विचारणीय भी है। यह एक गंभीर फिल्म है और इसकी गंभीरता का निर्वाह समुचित रूप में हुआ है। मात्र इसीलिए नहीं कि यह फिल्म शेक्सपियर के एक नाटक पर आधारित है, बल्कि इसलिए भी कि इसने हिन्दी सिनेमा में एक अध्याय और आयाम जोड़ा है। विशाल भारद्वाज अपनी साहित्यिकता, कलात्मकता, शास्त्रीयता और आंचलिकता के लिए विशेष रूप से जाने जाते हैं और कमोबेश उन सबका उपयोग इसमें किया गया है, जिसने इस फिल्म को एक विशेष स्तर प्रदान किया है

13

दिल्ली-6 : खूबियां-कमियां और कबूतर

दिल्ली-6, राकेश ओम प्रकाश मेहरा की एक चर्चित फिल्म है, जो 2009 में रिलीज हुई थी। इसे राकेश मेहरा और रॉनी स्क्रूवाला, दोनों ने मिलकर प्रोड्यूस किया था। राकेश मेहरा इस फिल्म के निर्देशक भी हैं। इसकी पटकथा उन्होंने कमलेश पांडे के साथ मिलकर लिखी है और इसमें अभिषेक बच्चन, सोनम कपूर, वहीदा रहमान, ओमपुरी, दिव्य दत्ता, प्रेम चोपड़ा, रिषि कपूर, अतुल कुलकर्णी, दीपक दोब्रियाल और साइरेस साहुकार आदि मुख्य अभिनेता हैं। छायाकार-विनोद प्रधान हैं तथा संगीतकार-ए.आर.रहमान। इस फिल्म का संपादन-पी.एस.भारती ने किया है। प्रमोद जोशी ने इसके गीत और संवाद लिखे हैं। इस पूरी टीम पर ध्यान दिया जाए तो कहा जा सकता है कि सभी क्षेत्रों के चर्चित नाम इसमें शामिल हैं, इसलिए फिल्म अच्छी होनी चाहिए, यह उम्मीद इस नाम-चर्चा से बनती ही है। बॉक्स ऑफिस पर यह एक सफल फिल्म मानी जाती है, पर शेष बातों पर विचार करने की जरूरत महसूस होती है।

इसकी कथा थोड़ी उलझी हुई और कई परतदार है। कथा का फोकस पॉइंट कई बार शिफ्ट होता है। एक युवक रोशन मेहरा (अभिषेक बच्चन) अपनी दादी (वहीदा रहमान) के साथ विदेश से भारत आता है। दादी की इच्छा है कि वह भारत में ही अपनी अंतिम सांस भी ले। उसका मन रखने और उसे हवेली में सेटल करने के लिहाज से उसका पोता उसे भारत ले आता है। यह हवेली पुरानी दिल्ली के एक सघन बसे मोहल्ले में है और वहां का जीवन उसी के अनुरूप है। रोशन को लौटना है, पर लौटने की कोई तिथि तय नहीं रहती

है। वह पहले वहां के माहौल से परेशान हो उठता है। विदेश में रहने के बाद दिल्ली-6 में रहना उसके लिए किसी नर्क से कम नहीं है, पर धीरे-धीरे वह वहां के माहौल को समझने लगता है और उसे थोड़ा आनंद भी आने लगता है। यह दिल्ली उसके लिए एक अजूबा है। किसी सर्कस से कम नहीं, जहां रोजाना तरह-तरह के खेल-तमाशे होते हैं और लोगों के एक से बढ़कर एक नमूनों से सामना होता है। मोहल्ले की एक खूबी यह है कि लगभग सब एक दूसरे को जानते-पहचानते हैं, और एक दूसरे के सुख-दुख में शरीक होते हैं। उससे भी बड़ी खूबी यह है कि वहां गंगा-जमुनी संस्कृति है। यानी हिन्दू और मुस्लिम बिना किसी भेद-भाव के रहते हैं। वहां का जीवन पंचरंगी है। हर रस वहां मिलता है। मोहल्ले का सबसे बड़ा अभिशाप यह है कि वहां एक काले बंदर का आंतक है, जिसे कभी किसी ने साक्षात् नहीं देखा है। जो भी घटनाएं-दुर्घटनाएं वहां होती हैं, उसे काले बंदर की करतूत माना जाता है। इस आतंक के ठीक विपरीत वहां बड़े नियम से रामलीला होती है और लोग खूब रस लेकर उसे देखते हैं जाहिर है कि इसमें सबका अपना-अपना रस है। काला बंदर ओर उसकी करतूत पूरी दिल्ली के लिए एक रहस्य और रोमांच बना हुआ है। कुछ लोग इस काले बन्दर की आड़ में अपने निहित स्वार्थ भी पूरे करते हैं और कुछ इसके बहाने अपने अपराधों और पापों पर पर्दा भी डाले रखते हैं। एक अदृश्य काला बंदर पूरे मोहल्ले के लिए एक खौफ बना हुआ है। इसी मोहल्लें में दो भाई और उनके परिवार भी हैं, जिनमें परस्पर लड़ाई-झगड़े होते रहते हैं। बड़ा भाई है, मदन गोपाल (ओम पुरी) और छोटा भाई , जय गोपाल (पवन मल्होत्रा) बड़े भाई की बेटी का नाम है बिट्टू (सोनम कपूर) जो टी.वी. के रियालटी शोज से बेतरह प्रभावित है और एक दिन ऐसे ही किसी शो में शोहरत पाकर वह दिल्ली छोड़कर मुंबई भागना और बसना चाहती है। उसकी इस इच्छा को हवा देता रहता है सुरेश (साइरेस साहुकार) जो एक स्टूडियो चलाता है और जिसका जिस्मानी संबंध होता है, अधेड़ लाला भाईराम की जवान पत्नी के साथ। कथा में रामलीला की विशेष भूमिका है, जो लगभग उसके हर मोड़ के साथ हमेशा जारी रहती है। बिट्टू के प्रति रोशन प्रेम का अनुभव करता है, पर वह तो अपने सपने में खोई रहती है और सुरेश की सहायता से मुंबई भागने की तैयारी में रहती है। इसी बीच काले बंदर को लेकर हिन्दू-मुस्लिम के बीच मत भेद उभरते हैं और हालात दंगों तक पहुच जाते हैं। इस दंगे के माहौल का फायदा उठाकर बिट्टू और सुरेश मुंबई भागने को कार्यक्रम बनाते हैं, पर रोशन

उन्हें रोकने के लिए काले बंदर का भेष बनाता है, जिससे यह टल जाता है और रोशन तथा बिट्टू एक दूसरे के करीब आते हैं। एक ओर यहां व्यक्तिगत रूप से मामला सुलझ जाता है पर समाजिक रूप से मामला उलझ जाता है और दोनों संप्रदायों के लोग तोड़–फोड़, आगजनी पर उतर आते हैं। मोहल्ले के सबसे बेवकूफ व्यक्ति गोबर (अतुल कुलकर्णी) को यह जिम्मेदारी दी जाती है कि वह काले बंदर का बाल तोड़कर लाए ताकि उसका भूत भगाया जा सके। गोबर की मदद जलेबी (दिव्यादत्ता) करती है, जो खुद एक सफाई वाली है, पर गोबर के प्रति प्रेम रखती है। वह अपने बाल काटकर उसे पकड़ाती है ताकि मोहल्ले का यह दंगा थमे। इसी बीच काले बंदर के रूप में रोशन को पहचान कर लोग उसकी जमकर पिटाई करते हैं। पिटाई तभी रुकती है, जब काले बंदर का बाल लोगों को गोबर से मिल जाता है और लोग यह महसूस करते हैं कि बाल मिलने से पहले अगर रोशन ने काले बंदर के भेष मे बिट्टू को भागने से बचाने के क्रम में पूरे मोहल्ले को नहीं बचाया होता तो शायद तब तक काफी खून–खराबा हो चुका होता। अस्पताल में इलाज के बाद रोशन ठीक हो जाता है और उधर रामलीला में रावण के साथ काले बंदर का मुखौटा भी जल जाता हैं, पर तब सभी लोग यह जान लेते हैं कि दरअसल काला बंदर बाहर नहीं बल्कि हमारे भीतर है। जब तक हम अपने अंदर के इस बंदर को खत्म नहीं करेंगे तब तक कहीं कोई सुखी और सुरक्षित नहीं रह सकता है।

राकेश मेहरा की जो फिल्म इससे पहले बहुचर्चित और लोकप्रिय हुई, वह थी, रंग दे बसंती। उस फिल्म ने अपनी सफलता से राकेश मेहरा को एक निर्देशक के रूप में खास पहचान दी और खास प्रतिष्ठा भी प्रदान भी। आज भी उस फिल्म को लोग भूले नहीं हैं। युवाओं को लेकर हमारे देश में कई फिल्में बनी हैं, पर रंग दे बसंती ने आज के युवा वर्ग का, सामाजिक दृष्टि से, जिस तरह नकारात्मक भूमिका से सकारात्मक भूमिका तक बाहरी तौर पर ही नहीं, बल्कि मानसिक तौर पर बदलते दिखाया है, वह अपने तरह का एक मनौवैज्ञानिक बदलाव था, जिसकी सराहना भारत के हर दर्शक ने की। स्वाभाविक है कि जिस निर्देशक की उस फिल्म ने अपार सफलता पाई, उससे यह अपेक्षा बनती हैं कि उनकी उससे आगे की फिल्म, यानी दिल्ली–6 सफल भी होगी और सार्थक भी, पर यह फिल्म उस अपेक्षा पर कितनी खरी उतर पाई, यह एक विवेचना की बात है। एक बात यह जरूर मानी जा सकती है

कि जिस तरह उनकी पिछली फिल्म में कथा और कथन का एक सुदृढ़ आधार था, उसी तरह इस फिल्म की कहानी भी काफी रोचक और विचारणीय है। उस फिल्म की कथा का विकास बड़ा स्पष्ट और सीधा था, पर इसकी कहानी में कई मोड़ हैं यह एक कथा-कोलाज जैसा है। मानो, दिल्ली-6 में हम देश और दिल्ली का एक चलचित्रमय कोलाज देख रहे हों। यह कोलाज कितना मुकम्मल बन पाया, यह जरूर एक विशलेषण की मांग करता है। इस फिल्म के संबंध में एक जिस बात को बार-बार दोहराया जाता रहा, वह यह है कि यह फिल्म निर्देशक के व्यक्तिगत जीवन के प्रत्यक्ष अनुभवों पर आधारित है कभी उन्होंने दिल्ली में जिस जीवन को करीब से देखा और अनुभव किया उसी पर यह फिल्म आधारित हैं। दरअसल कोई भी जो सामाजिक फिल्म बनती है और जिसके पीछे एक मकसद होता है, वह पूरी तरह काल्पनिक नहीं होती है। उसमें सच के अनुभव होते हैं, भले ही उनका प्रतिशत काफी कम हो और वे अनुभव अपने जीवन से जुड़े हों या किसी दूसरे के जीवन से, लेकिन देखना यह पड़ता है कि वह दर्शकों के अनुभव का हिस्सा कितना बन पाता है। दर्शक अगर उसे सिरे से नकार दे तो फिर वह महज एक व्यक्तिगत फिल्म बनकर रहा जाती है और उसकी कामयाबी पर सवाल उठते लगते है। राकेश की यह फिल्म दर्शकों के साथ संवाद बना पाती है। उनके अनुभव से काफी हद तक जुड़ भी पाती है, इसलिए इसे महज व्यक्तिगत अनुभवों की फिल्म मानकर खारिज नहीं किया जा सकता हैं। इसमें कोई संदेह नहीं है कि अपने नाम के अनुरूप यह फिल्म पुरानी दिल्ली के अनुभव को ताजा करती है। दिल्ली के दो हिस्से हैं। नई दिल्ली और पुरानी दिल्ली। नई दिल्ली हर स्तर पर नई है, आधुनिक है, सुविधाजनक है और अपेक्षाकृत साफ-सुथरी है। ऐसा लगता है। कि वह कोई और ही नगर है और इसके ठीक विपरीत पुरानी दिल्ली सघन बसी हुई है। गलियां है, आबादी है,रेलमपेल है, ठेलमठेल हैं। एक बार पुरानी दिल्ली की किसी गली में घुसने के बाद यह कल्पना करना भी मुश्किल है कि इसी शहर में एक पॉश, चमचमाती और चकाचौंध पूर्ण नई दिल्ली भी है। जाहिर है कि दोनों दिल्लियों की जिन्दगी और उसकी रवानगी अलग है। नई दिल्ली की तड़क-भड़क को लेकर काफी फिल्मे बनी हैं और ऐसी फिल्म बनाना अपेक्षाकृत आसान भी है, पर पुरानी दिल्ली की तंग गलियों और बदहाल जिन्दगी को लेकर फिल्म बनाना काफी जटिल है और इस फिल्म के जरिए, फिल्मकार ने जो कोशिश की है, उसकी सराहना जरूर की जा सकती है। यह

वास्तव में दिल्ली के भीतर की दिल्ली को दिखाती है। यह उस दिल्ली की कहानी कहती है। जो किसी भी सामान्य शहर की घनी आबादी वाले तंगहाल और बदहाल हिस्से की कहानी हो सकती है, इसलिए यह सिर्फ फिल्मकार की अपनी दिल्ली भी नहीं रह जाती है, बल्कि हमारे अपने शहर की अपनी दिल्ली से मिलती-जुलती है, जो इसके कैनवास का विस्तार करती है।

इसकी कथा की एक विशेषता यह है कि इसमें विदेश में पले-बड़े एक युवक के नजरिए से दिल्ली को देखने की कशिश की गई है। पहली बार जो युवक पुरानी दिल्ली आता है, वहां को अफरा-तफरी और भीड़-भाड़ वाला माहौल उसे बहुत असहज बना देता है और उसे जिन्दगी को तथा वहां की भागमभाग को देखकर वह आश्चर्यचकित रह जाता है। धीरे-धीरे उसमें इस रंगारंग जिन्दगी के प्रति उत्सुकता जगती है। वह उस समझने और उससे जुड़ने की कोशिश करता है, जब एक बार जुड़ाव की प्रक्रिया शुरू होती है, तब उसे उस जिन्दगी में रस आने लगता है। और वह उसका आनंद लेने लगता है और अंत में, जो युवक अपनी दादी को भारत छोड़ने आया था, उसी दिल्ली में हमेशा के लिए रह जाने का निर्णय कर लेता है। यानी यह पूरी मानसिक प्रक्रिया के तहत होता है। लगभग एक नफरत से प्यार तक की यह यात्रा बड़े सहज, लेकिन थोड़े नाटकीय रूप में घटती है। इस तरह यह अपने देश और अपने परिवेश से आदमी को समझौता करना और प्यार करना सिखाती है। मानो रोशन हमारे मन का एक प्रतिनिधि या प्रतीक पात्र है। जिसके जरिए हम दिल्ली की जिन्दगी और रवानगी को मानसिक धरातल पर स्वीकार करते हैं। इतना ही नहीं, बल्कि इस फिल्म में पुरानी दिल्ली की वह गंगा-जमुनी संस्कृति भी मिलती है, जहां हिन्दू-मुस्लिम में कोई भेदभाव नहीं था। यह भेदभाव या तो हमारे अंदर के शैतान के चलते पैदा होता है या फिर किसी बाहर के शैतान की वजह से। किस तरह हमारे अंदर का डर हमें एक दूसरे से अलग-थलग कर देता है, शक-संदेह के बीज बो देता है और कैसे वह खून-खराबे तथा दंगे-फसाद में बदलने लगता है, यह इस कहानी का एक आंतरिक हिस्सा है, ज्यादातर हमारी फिल्मों में यही दिखाया जाता है कि बाहर के लोगों ने अपने निहित स्वार्थों की राजनीति के चलते दो भाइयों को लड़ाया और दो घरों को तोड़ा लेकिन इस फिल्म में बाहर की बजाय आदमी के भीतर को यानी उसके अपने मन और उसकी दुर्भावनाओं को इसकी वजह के रूप में दिखाया गया, जो अपने आप में एक भिन्न आधार रखती है।

इसमें कोई संदेह नहीं है कि इसकी कथा संरचना कुछ जटिल है और उस जटिलता की मूल वजह यह है कि मुख्य कथा के साथ इसमें समानांतर उपकथाएं भी चलती हैं। कहीं-कहीं ये उप कथाएं स्वतंत्र दिखाई पड़ती हैं। और कहीं-कहीं वे मुख्य कथा में सम्मिलित और समाहित भी होती जाती हैं। इन सारी छोटी-बड़ी कथाओं को जोड़ने का एक प्रमुख आधार वहां होने वाली रामलीला है, जहां सभी छोटे-बड़े पात्र एक साथ दिख जाते हैं। रामलीला की भी अपनी कहानी है। यानी उसकी अपनी पारंपरिक कहानी और उसकी प्रस्तुति की कहानी। प्रस्तुति के बीच-बीच में जो अवांतर प्रसंग आते हैं, या लाये जाते हैं, वे कहीं-कहीं ज्यादा रोचक और प्रासंगिक लगते हैं। रामलीला में भी राम की वानर सेना है, जो मानवीय है, पर एक बंदर वह भी होता है, जो हमारे भीतर उत्पात मचाता है। हमारी भीतर की लंका में आग भी लगाता है और उसमें व्यक्ति से लेकर समाज तक जलने लगता है। यह आग नहीं देखती कि कोई जो जल रहा है, मर रहा है, वह अच्छा है या बुरा। दोनों इस आग में जलते हैं। झुलसते हैं। इसलिए भीतर के इस बंदर को फिल्मकार दशहरे में रावण के साथ जलाने का दृश्य दिखता है, मानो रावण के दस राक्षसी सिरों के बीच यह बंदर फिर उसके मुखौटा भी एक सिर हो, जो हमें सिरे से आतंकित करता रहा है, जिसे रावण के साथ जलाए बिना न दिल्ली को शांति मिलेगी और न देश को। काला बंदर इस रूप में मानव मन की कलुषता का एक प्रतीक है। इसी तरह मन की एक कमजोरी के रूप में गांव-कस्बों के युवाओं में टी.वी. उसके रियलिटी शोज और सिनेमा आदि का नकारात्मक प्रभाव भी दिखाया गया है कि किस तरह हर कोई इसके आकर्षण में मुंबई भागना चाहता है। फिल्म की नायिका इसी आकर्षण और शौक का शिकार थी। आज के छोटे नगरों के इस पागलपन को भी प्रकारांतर से इस फिल्म की कथा में जोड़ा गया है। इस तरह इस फिल्म की जटिल संरचना के बावजूद इसमें कई खूबियां मिलती हैं, जो फिल्म की गति को बढ़ाती हैं और आम दर्शकों को बांधे रखने में समर्थ दिखती हैं पर इसके साथ इसमें कई ऐसी कमियां और गड़बड़ियां भी हैं, जो इस फिल्म को कमजोर और प्रभावहीन भी बनाती हैं। उन्हें नजरअंदाज नहीं किया जा सकता है।

यदि तुलानात्मक रूप में देखें तो राकेश मेहरा की पिछली फिल्म-रंग दे बसंती हर दृष्टि से एक बेहतर फिल्म लगती है। कुल मिलाकर यह फिल्म उससे

आगे नहीं जाती है और न ही उसके समानांतर खड़ी दिखती है। उससे यह कमतर है, यह कोई भी समझदार और संवेदनशील दर्शक समझ सकता है। यदि मनोरंजन के लिहाज से भी देखा जाए तो रंग दे बसंती एक अधिक लोकप्रिय फिल्म जान पड़ती है एक सफल और सार्थक फिल्म के बाद, स्वाभाविक रूप से दर्शकों की अपेक्षा बढ़ जाती है और उस पर यदि वह पिछली से पिछड़ी हो जाए तो कुछ ज्यादा ही असफलता लगती है। काले बंदर के जिस प्रतीक का इसमें प्रयोग किया गया है।, वह प्रतीक कम और नाटकीय जोड़–तोड़ अधिक बन जाता है, जिसके नीचे उसकी प्रतीकात्मकता अपना अर्थ खोती हुई दिखती है। उसे यदि एक प्रतीक बनाना ही था तो उसके प्रति कुछ गंभीरता भी दिखानी जरूरी थी। उसका निर्वाह सही रूप में नहीं हो पाया। यह काला बंदर एक खेल–तमाशा ज्यादा बन जाता है। किसी मोहल्ले में, जो काला बंदर एक आतंक बन चुका है, पर उसे आज तक किसी ने देखा नहीं है और उसे लेकर लोग अनुमान लगाते हैं तथा अटकलें भिड़ाते रहते हैं, यह बड़ा ही अविश्वसनीय लगता है। एक ओर रामलीला में वानर की महिमा गाई जा रही है और दूसरी ओर काला बंदर मोहल्ले की आफत बना हुआ है, यह एक विरोधाभास लगता है। उससे भी अधिक अटपटा यह है कि दशहरे के दिन जलने वाले रावण के दस सिरों के बीच काले बंदर का एक मुखौटा भी दिखाया जाता है, जिसे रावण के साथ जलना है। यह राकेश मेहरा का सौभाग्य है कि हनुमान को पूजने वाले देश के अंधभक्त लोगों और समुदायों तथा संप्रदायों ने इस पर ध्यान नहीं दिया, अन्यथा रावण के साथ हनुमान के मुखौटे को भी जलाने को लेकर कम बवाल नहीं मचता। किसी फिल्म में किसी प्रतीक के उपयोग के पहले अच्छी तरह सोच–विचार लेना जरूरी होता है कि वह किसी धर्म या संप्रदाय के लोगों को आपत्तिजनक और अपमानजनक तो नहीं लगेगा। बंदर को अदृश्य ही रखना था तो फिर किसी भी ऐसे जानवर को प्रतीक बनाना बेहतर होता, जिसकी संहारक संभावना पर किसी को शक नहीं हो। जिससे यों ही सब खौफ खाते हों। मोहल्लों और बंदरों के बीच एक स्वाभाविक रिश्ता हो सकता है, पर मोहल्लों में और भी जानवर होते हैं, जिन्हें मन की कमजोरी और कलुषता का प्रतीक बनाया जा सकता था।

दरअसल एक फिल्म में एक ही साथ बहुत कुछ कह देने के लोभ ने इस फिल्म में बिखराव ला दिया है और इसके प्रभाव को सघन नहीं होने दिया,

जिससे यह कमजोर-सी फिल्म होने का ही एहसास दिलाती है, जब कि इसमें एक सशक्त फिल्म होने के सारे तत्व मौजूद हैं। फिल्म के बिखराव को राकेश मेहरा न समेट पाए और न संभाल पाए। सारा कुछ गड्डमड्ड-सा हो जाता है। किसी फिल्म में दृश्य-विधान यदि जरूरत से ज्यादा और जल्दी-जल्दी नाटकीय ढंग से पेश किए जाएं तो वह फिल्म कम और नाटक अधिक लगता है। मानो फिल्म की रामलीला के समानांतर यह फिल्म भी अपने आप में एक लीला ही हो। एक बेहतरीन फिल्म बनाने के चक्कर में पूरी फिल्म को उलझाकर रख दिया जाए तो वह कुल मिलाकर एक तमाशा ही बन जाती है और उस तमाशे के सामने सिनेमा का सौंदर्य और उसकी सार्थकता दम तोड़ती नजर आती है। इसे कुछ और समय देकर, कुछ और सोच-समझ कर राकेश बनाते तो शायद यह अपने ढंग की एक यादगार फिल्म बन पाती। फिल्म पर निर्देशक की ढीली पकड़ स्पष्ट है और संपादन की असफलता और भी स्पष्ट है। इसका छायांकन ठीक-ठाक है। विशेष कुछ नहीं। रहमान के संगीत की तरीफ जरूर की जा सकती है, जिनके दो गाने बहुत लोकप्रिय हुए, एक गेंदाफूल और दूसरा मटकली। अभिनय के लिहाज से एक भी ऐसा पात्र इसमें नहीं है, जिसे याद रखा जाए, सिवाय एक खूबसूरत सफेद कबूतर के, जो फिल्म को एक अर्थ भी देता है और आयाम भी।

14

बिल्लू बारबरः मित्रता की मिसाल

बिल्लू बारबर, फिल्मकार प्रियदर्शन की एक सफल भावनात्मक फिल्म है, जो भारतीय जनमानस और हिन्दी सिनेमा के दर्शकों की मानसिकता के बहुत अनुकूल है। निर्देशक प्रियदर्शन को जिन फिल्मों की वजह से एक पहचान मिली है, उनमें इस फिल्म को महत्वपूर्ण माना का सकता है। यह फिल्म 2009 में रिलीज हुई थी और इसे हिन्दी फिल्मों के सर्वाधिक चर्चित नायक शाहरुख खान की पत्नी गौरी खान ने प्रोड्यूस किया है। वास्तव में यह फिल्म शाहरुख की फिल्म निर्माण कंपनी द्वारा निर्मित फिल्म है। इस फिल्म में शाहरुख खान, इरफान खान, लारा दत्ता, ओम पुरी, राजपाल यादव और असरानी ने मुख्य भूमिकाएं निभाई हैं। इसमें संगीत दिया है प्रीतम ने और इसका संपादन किया है अरुण कुमार ने। इसके छायाकार मनिकंदन हैं और इसके गीत लिखे हैं, गुलजार, नीरज श्रीधर और सैयद कादरी ने। यह फिल्म मूलतः श्रीनिवासन की कहानी पर आधारित है, जिसकी पटकथा मनीष कोर्डे और मुस्ताख शेख ने मिलकर लिखे है। इस फिल्म के नायक की भूमिका में हैं, इरफान खान और नायिका की भूमिका लारा दत्ता ने ही है। शाहरुख इसमें एक अतिथि कलाकार के रूप में दर्ज किए गए हैं, लेकिन उनकी भूमिका नायक से कम किसी भी मायने में नहीं है। माना जा सकता है कि इस फिल्म में दो नायकों की एक कहानी है। नायिका चूंकि नायक बिल्लू की पत्नी है, इसलिए वह नायिका कम और पत्नी ही अधिक है। इस फिल्म की कथा काफी रोचक है।

बिल्लू (इरफान खान) अपनी पत्नी बिंदिया (लारा दत्ता) और दो बच्चों गुंजा (मिताली मयंकर) और रौनक (पार्तिक दलवी) के साथ एक गांव में रहता है। पेशे से वह नाई है और गांव के बाजार मे उसकी एक छोटी-सी दुकान है, पर वह चलती नहीं है, क्योंकि उसके पड़ोस में एक आधुनिक किस्म का सेलून खुल गया है और लोगों में वहीं बाल कटवाने का शौक बढ़ चुका है। बिल्लू गरीबी में अपना गुजारा करता है। उसके बच्चे गांव के स्कूल मे पढ़ते हैं, पर वहां से धमकी मिलती है कि यदि फीस जमा नहीं की गई तो दोनों का नाम काट दिया जाएगा। इसी बीच गांव में मुंबई से कुछ दिनों के लिए एक फिल्म की शूटिंग यूनिट पहुंचती है, जिसका नायक साहिर खान (शाहरुख खान) है, और पूरे गांव में इसे लेकर बहुत उत्साह और उत्सुकता है। बिल्लू अपने बच्चों को बताता है कि फिल्म का नायक साहिर खान, उसके बचपन का दोस्त था, जो आज देश का सबसे मशहूर फिल्मी हीरो बन चुका है। इससे अधिक वह और कुछ नहीं बताता है। इसकी कोई खास जरूरत भी नहीं महसूस करता है। साहिर खान उसके लिए एक राजा बन चुका है, जब कि वह अब तक महज एक रंक ही रह गया है। बच्चों और पत्नी के जरिए यह बात धीरे-धीरे पूरे गांव में फैल जाती है कि बिल्लू और साहिर बचपन के दोस्त थे। इसके बाद तो जैसे गांव में उनकी पूछ और प्रतिष्ठा अचानक बढ़ जाती है। हर कोई यह चाहता है कि इस दोस्ती का लाभ उठाकर वह साहिर खान से मिल ले। इतने बड़े और प्रसिद्ध नायक से मिलना, गांववासियों के लिए किसी भगवान से मिलने से कम नहीं है। गांव के दो लोग साहिर खान से मिलने के लिये बेहद बेताब हैं, उनमें एक है, साहुकार धामचंद (ओमपुरी) और दूसरा है, झल्लन कुमार उर्फ बुदबुदिया (राजपाल यादव) यह बुदबुदिया उसका उपनाम है, क्योंकि वह खुद को एक कवि और शायर समझता है। गांव का नाम चूंकि बुदबुदा है, इसलिए वह अपना उपनाम उसी तर्ज पर रखता है। झल्लन बिल्लू की खुशामद में लग जाता है और धामचंद दो कदम आगे जाकर कि बल्लू की दुकान के लिए नया फर्नीचर और बाल काटने आदि के लिए नये औजार तथा पाऊडर, क्रीम, शैम्पू आदि का इंतजाम कर देता है। इसके बाद पड़ोस के सेलून का भट्टा बैठने लगता है और बिल्लू का धंधा जोर पकड़ लेता है। बच्चे और पत्नी बिल्लू और साहिर खान की दोस्ती को बढ़ा-चढ़ा कर, मिर्च-मसाला लगाकर बताते हैं। खुद उनकी इच्छा होती है कि वे इस दोस्ती की खातिर एक बार साहिर खान से मिलें और उनसे हाथ मिलाते हुए, फोटो खिंचवा लें, पर

बिल्लू इन सबसे कतराता है और भागने की कोशिश करता है, पर लोग उसे पकड़ते ही रहते हैं। जिस स्कूल में उसके बच्चे पढ़ रहे थे और वहां से उनका नाम काटने की नौबत आ गई थी, उसकी प्रधानाध्यापिका और प्रबंधन के लोग आकर बिल्लू से कहते हैं कि यदि वह स्कूल के सलाना जलसे में साहिर खान को ला सके तो उसके बच्चों की फीस माफ कर दी जाएगी। बिल्लू इन सबसे परेशान हो उठता है। वह अपनी ओर से कोशिश भी करता है कि किसी तरह एक बार साहिर से मिले और अपनी पुरानी तथा बचपन की दोस्ती का हवाला दे, वह भी अपने लिए नहीं, बल्कि अपने गांव वालों के लिए और परिवार की खातिर ताकि लोगों से उसका पिंड तो छूटे, पर वह कामयाब नहीं होता है। और कोई उपाय न देखकर गांव के लोग उसे जबरदस्ती उठाकर शूटिंग की जगह ले जाते हैं, पर उनकी झड़प पुलिस से हो जाती है और लाठी चार्ज के बाद उन्हें थाने में बंद कर दिया जाता है, जहां वे थानेदार को बताते हैं कि इस सबके पीछे बिल्लू है, जो साहिर खान से बचपन की दोस्ती के नाम पर गांववालों को उल्लू बना रहा है। लोगों की शिकायत पर बिल्लू को पुलिस पकड़कर ले जाती है, पर नौबत चाचा (असरानी) की सदयस्यता के चलते वह छूट जाता है। गांव भर में एक नौबत ही है जो बिल्लू का सच्चा हमदर्द है। इधर स्कूल प्रबंधन साहिर खान को इस बात के लिए तैयार कर लेता है कि वह स्कूल के जलसे में आयेगा। बिल्लू के बच्चे पिता से काफी नाराज हैं और साहिर से नहीं मिलाने के कारण उससे बोलते भी नहीं हैं, पर वे स्कूल के कार्यक्रम में पहुंच जाते हैं। बिंदिया की भी इच्छा होती है कि वह साहिर से जाकर भी नहीं मिल पाई, कम से कम स्कूल जाकर उसकी एक झलक पा ले और उसकी बातें सुनें। बिल्लू साथ हो लेता है। पर साहिर से मिलने नहीं, क्योंकि उसे पता है कि वह, देश के इतने नामी-गिरामी नायक से मिल नहीं सकेगा और न कुछ बोल सकेगा। वह सबसे अलग-थलग, लगभग भीड़ से हटकर एक जगह खड़ा होता है और नायक खान बच्चों के स्कूल में आकर अपने बचपन का संस्मरण सुनाता है कि किस तरह उसके गांव में उसका एक बिल्लू नामक जिगरी दोस्त था, जिसने अपने परिश्रम, प्रोत्साहन और त्याग से उसे यह मौका दिया कि वह मुंबई जाकर अपनी किस्मत आजमाए। आज वह इस मुकाम पर पहुंचा है, तो उस बिल्लू के कारण, जिससे वह दुबारा चाहकर और खोजकर भी नहीं मिल पाया। आज भी वह अपने बचपन के उस दोस्त को खोज रहा हैं। यह सुनकर और जानकर पूरा गांव भौंचक रह जाता है, पर

बिल्लू तब तक अपने घर लौट चुका होता है उसे इतनी तसल्ली है कि इस बड़े फिल्म स्टार ने उसे कम से कम याद तो रखा है। कार्यक्रम से पत्नी और बच्चे भी लौट आते हैं और पति-पिता से क्षमा मांगते हैं। तब तक गांव के लोगों की सहायता और सूचना पाकर साहिर खान उससे मिलने उसके घर आता है। बचपन के बिछुड़े दोस्त से बचपन के आवेग के साथ ही मिलता है। आगे भी मिलते रहने और अपने बचपन के गांव जाने की बात तय होती है। शूटिंग खत्म हो जाती है। टीम लौट जाती है, पर अब गांव में सबसे उपेक्षित बिल्लू गांव का सबसे अधिक मान-सम्मान वाला व्यक्ति बन जाता है।

इसकी कथा से यह स्पष्ट हो जाता है कि इसमें आम लोगों को मानसिक धरातल पर प्रभावित करने की सहज क्षमता है। इसकी कहानी इस फिल्म की सफलता का सबसे बड़ा आधार है। स्वाभाविक है कि यह कहानी अनायास लोगों को कृष्ण-सुदामा की मित्रता की याद दिला जाती है। कहानी, उस पर पूरी तरह आधारित नहीं है, परंतु आधुनिक दृष्टि से यह उससे प्रेरणा जरूर ग्रहण करती है, तभी यह भावनात्मक रूप से पाठकों और दर्शकों को समान रूप से मोह लेती है। किसी पुरातन कथा का आधार लेना किसी भी तरह से गलत नहीं है, पर यदि उसे आज के समय और समाज से जोड़ने में कामयाबी मिले तो वे कथाएं, आज के संदर्भ में भी उतनी ही सच प्रतीत होती हैं। यह सचाई इस फिल्म का प्राणतत्व है। खासकर भारतीय जनमानस कृष्ण-सुदामा की कहानी से परंपरागत रूप में जुड़ा हुआ है, इसलिए इस फिल्म में उनके मन को तुष्टि प्रदान करने की क्षमता अनायास आ जाती है। मूल कहानी में ही यह भावना का आधार काफी सुदृढ़ है, इसलिए सिनेमा की भाषा में, उसमें कुछ आवश्यक जोड़-घटाव के बावजूद यह फिल्म कथानक के धरातल पर सामान्य दर्शकों को बांध लेती है और अपने साथ बहा भी ले जाती है। फिल्म स्वाभाविक रूप से तथा विश्वसनीय रूप में पेश की गयी है। इसका एक प्रत्यक्ष उदारहण है, लोगों से तंग आकर बिल्लू का साहिर खान से मिलने की कोशिश करना। जब वह उसके होटल में फोन करता है और मिलने की इच्छा प्रकट करता है, तब साहिर का सचिव उसे बुरी तरह लताड़ता है और गांव के लोग, जो उसकी बातें बड़े ध्यान से सुन रहे हैं, उन्हें इस भ्रम में डाले रखता है, मानों बातें बड़े सुखद रूप में हो रही हैं। लताड़ को भी वह हंस-हंस कर झेल जाता है, क्योंकि अगले को यह पता नहीं है कि फोन के उस छोर से कोई क्या बोल रहा है

या बक रहा है। इसी तरह एक दिन हिम्मत जुटाकर वह शूटिंग देखने जाता है और अन्य लोगों की तरह एक पेड़ पर चढ़कर साहिर को आवाज देने की असफल कोशिश करता है। ये ऐसे दृश्य हैं, जो बड़े स्वाभाविक बन पड़े हैं। इस तरह की स्वाभाविकता और विश्वसनीयता इस फिल्म की एक ताकत है। किसी भी बात को अनावश्यक रूप से बड़ा-चढ़ा कर कहने या दिखाने की चेष्टा नहीं की गई है।

फिल्म की शूटिंग गांव में पहली बार हो रही है, इसलिए पूरे गांव के लिए वह बेहद कौतूहल और जिज्ञासा का विषय बनता है, जो सही लगता है। कुछ दिनों के लिए जैसे पूरा गांव शूटिंगमय हो जाता है। विख्यात फिल्मी नायक का हमारे देश के लोगों के दिल-दिमाग पर कितना गहरा असर रहता है, यह मनोविज्ञान इसमें दिखता है। चाहे वे लोग शहर के हों या फिर गांव के। नायक की एक झलक भर पाने को लोग कितने बेहाल रहते हैं, यह साफ पता चलता है। उस पर नायक के साथ गांव के एक सामान्य व्यक्ति के संबंध की बात तो जैसे उस आग में घी का ही काम करती है। लोगों का बिल्लू के पीछे भागना और बिल्लू का उनसे पीछा छुड़ाने के लिए भागना, मानों एक आंख-मिचौली का खेल बन जाता है। निर्देशक की कुशलता इसमें है कि वह लगभग अंत तक उनकी मित्रता को एक रहस्य बनाए रखता है और जब रहस्य से पर्दा उठता है तो बिजली सी कौंध जाती है। उस रहस्य को इस तरह अंत में तुरुप के पत्ते की तरह इस्तेमाल करना निर्देशक की सूझ-बूझ का परिचायक है और इसी में उसकी सफलता भी निहित है। इसमें कोई संदेह नहीं है कि प्रियदर्शन ने इसमें अपनी निर्देशकीय समझ और पकड़ का प्रमाण दिया है। फिल्म के लगभग अंतिम अंश में एक स्कूल में बच्चों के बीच नायक साहिर खान का अपने बचपन और बिल्लू से मित्रता को याद करना जितना सहज है उतना ही प्रभावशाली भी। वह फिल्म का सबसे संवेदन शील अंश है, उस दृश्य से भी अधिक, जब साहिर अपने दोस्त से मिलने उसके घर आता है।

फिल्म में कुछ अनावश्यक विस्तार ज्यादा है। कई कॉमडी दृश्य कम किए जा सकते थे, जिससे फिल्म और भी प्रभावशाली बन पाती। फिल्म की गंभीरता भी बनी रहती। फिल्म के ऐसे दृश्य काफी हल्के-फुल्के हैं और वे फिल्म के स्तर को भी कहीं औसत बना देते हैं तो कहीं औसत से भी नीचे ले जाते हैं। बिल्लू गांव में रहता जरूर है, पर उसका घर मानों गांव से

अलग-थलग किसी द्वीप में बना सा दिखता है। शूटिंग के लिहाज से यह जरूरी हो सकता है, पर इससे उसकी स्वाभाविकता खंडित होती है। गांव के बाजार का दृश्य जब कि सहज-स्वाभाविक लगता है, पर घर को गांव से दूर और अलग-सा कर देना उतना ही अटपटा-सा भी लगता है। यदि फिल्म के संपादन को कुछ और चुस्त-दुरुस्त किया जाता तो इस फिल्म की कमियों को दूर किया जा सकता था। फिल्म के मनोरंजन को बढ़ाने के चक्कर में फिल्म का अपेक्षित असर कम हो जाता है।

जहां तक अभिनय की बात, बेशक यह इरफान खान की ही फिल्म है और उन्होंने बहुत अच्छा अभिनय किया है। उनके अभिनय के लिए इसे याद रखा जाएगा। शाहरुख खान भी इसमें कम नहीं है। चूंकि वे अपने चिर-परिचित नायक के अंदाज में ही है, इसलिए वे फबते हैं। लारा दत्ता अपने अभिनय के लिहाज से सामान्य लगती हैं। ओमपुरी बेशक अच्छे लगते हैं। राजपाल यादव वैसे ही लगते हैं जैसे किसी भी अन्य फिल्म में। असरानी अपने अभिनय से कम बल्कि अपने चरित्र की वजह से लोगों को ज्यादा प्रभावित करते हैं। वे अपना काम भली-भांति निभा लेते हैं। कुल मिलाकर यह एक मशहूर निर्देशक की फिल्म है और इस दृष्टि से फिल्म की कामयाबी का सबसे अधिक श्रेय निर्देशक प्रियदर्शन को जाता है। यह फिल्म मनोरंजन और संदेश दोनों आधारों पर सफल मानी जा सकती है।

फिल्म में मशहूर नायिकाएं, प्रियंका चोपड़ा, करीना कपूर और दीपिका पादुकोण का उपयोग भी किया गया है और इस के पीछे फिल्म के बॉक्स ऑफिस नजरिए से इन्कार नहीं किया जा सकता है, पर चूंकि यह कथा फिल्म की शूटिंग से जुड़ी हुई, इसलिए उनके आईटम को माफ किया जा सकता है और कुछ हद तक अनदेखा भी। इस फिल्म की समीक्षाएं कुल मिलाकर अच्छी आई हैं। एक समीक्षक ने सही कहा है कि शहरों की कहानी कहने वाली एक बॉलीवुड फिल्म गांव की कहानी कहती है। और दो दोस्तों की कथा को बड़े कामयाब रूप से हमारे सामने रखती है। किसी ने इसे भावनात्मक रूप में शाहरुख की पिछली फिल्म रब ने बना दी जोड़ी से बेहतर बताया है यह भी एक ने माना है कि इसमें कथा कहने की शैली बहुत रोचक है और बॉलीवुड मसाले का उपयोग करते हुए भी यह दर्शनीय है तथा इसका आनंद उठाया जा सकता है। वैसे अंत में इन बातों का उल्लेख भी करना शायद गलत नहीं होगा

कि प्रकारांतर से यह फिल्म एक पत्नी के द्वारा अपने पति के गुणगान का बखान करने वाली फिल्म भी लगती है, क्योंकि यह गौरी खान ने बनाई और शाहरुख के उस मानवीय इमेज को लोगों के सामने पेश करती है, जो एक कामयाब फिल्मी नायक होने के बावजूद उसमें मौजूद है। जाहिर है कि अपनी प्रशंसा में खुद इसे शाहरुख नहीं प्रोड्यूस कर सकते थे। यह उनकी सामाजिक और मानवीय इमेज को ज्यादा बढ़ाती है, बनिस्पत दोस्ती के संदेश के प्रचार-प्रसार के। दूसरी बात यह है कि यह मूलतः एल मलयाली फिल्म का हिन्दी रिमेक है, जो तमिल में भी बन चुकी है। चूंकि उन भाषाओं में यह फिल्म काफी लोकप्रिय रही है।, इसलिए हिन्दी में उसे सफलता एक हद तक विरासत में मिली है।

15

पा : शारीरिक विकलांगता का एक अलग आयाम

समकालीन हिन्दी सिनेमा के परिदृश्य को सामने रखें तो फिल्म-पा, कई आधारों पर एक अलग, महत्वपूर्ण और विशिष्ट फिल्म जान पड़ेगी। इस फिल्म को कई राष्ट्रीय पुरस्कार मिले हैं, जिनमें, उल्लेखनीय हैं-सर्वोत्तम हिन्दी फिल्म का पुरस्कार और सर्वोत्तम अभिनेता का पुरस्कार। साथ ही इसे सर्वोत्तम मेकअप के लिए भी पुरस्कृत किया गया है। चूंकि इस फिल्म को इतने महत्वपूर्ण पुरस्कार मिले, इसलिए यह फिल्म भी महत्वपूर्ण बन जाती है, यह बात नहीं है। भले ही इसे इससे कम पुरस्कार मिलते या नहीं मिलते तो भी इसका महत्व कम नहीं होता है। ऐसी भी बात नहीं कि इस फिल्म को अन्य संस्थाओं से पुरस्कार कम मिले हो। लगभग सभी तरह के पुरस्कार जो खासतौर पर हमारे सिनेमा की दुनिया में चर्चित माने जाते हैं, इस फिल्म को मिले हैं। चूंकि राष्ट्रीय पुरस्कारों का महत्व अपेक्षाकृत अधिक होता है, इसलिए उनकी विशेष चर्चा यहां की गई है। यह फिल्म 2009 में रिलीज हुई थी।

इसीलिए इस वर्ष के राष्ट्रीय पुरस्कारों के चयन में इसे भी शामिल किया गया है। हालांकि 2009 में और भी कई फिल्में हैं, जो चर्चित और लोकप्रिय हुई, जिनमें उल्लेखनीय हैं-थ्री ईडियट्स, लव आजकल, देव.डी., दिल्ली-6, गुलाल, फिराक, कमीने, वेक अप सिड जेल, आदि।

थ्री ईडिएट्स को इस वर्ष लोकप्रिय फिल्म का पुरस्कार मिला इसमें कोई शक नहीं है कि 2009 में जितनी भी फिल्में बनीं, उनमें दर्शकों के द्वारा यह

फिल्म काफी देखी गई और खूब पसंद भी की गई। जहां तक बॉक्स ऑफिस सफलता की बात है, कोई बीस फिल्में ऐसी हैं, जिन्होंने अपनी सफलता टिकट खिड़की पर दर्ज की, पर हर वह फिल्म, जो बॉक्स ऑफिस पर सफल होती है और विशाल दर्शक वर्ग के बीच जो फिल्में खूब लोकप्रिय होती हैं, अनिवार्यतः वे सभी अच्छी फिल्में हों, यह जरूरी नहीं होता है। ज्यादातर जिनमें कुछ मनोरंजन का मसाला अधिक होता है, वे हमारे दर्शकों को अपेक्षाकृत अधिक पसंद आती हैं। जिनका कथानक अच्छा हो, जो समाज के किसी पक्ष को, हमारे सामने, एक नए शिल्प में रखती हों, वे हिट नहीं हो पाती हैं। मनोरंजन और भरपूर मनोरंजन, हमारी फिल्मों की ,दर्शकीय आधार पर, पहली और आखिरी शर्त होती है। शेष सारी बातें, चाहे वे कितनी भी सही और श्रेष्ठ क्यों न हों, बाद में ही आती हैं। यही कारण है कि कुछ फिल्में, सिनेमा की कला और विचार के लिहाज से अच्छी होने के बावजूद बॉक्स ऑफिस पर असफल हो जाती हैं, क्योंकि आम तथा औसत दर्शक उसे पसंद नहीं कर पाता है। 2009 में दो फिल्में ऐसी बनीं, फिराक और गुलाल, इनमें समझ और संवेदना दोनों थीं, पर उनमें चूंकि मनोरंजन की मात्रा अपेक्षाकृत कम थी या नहीं थी, इसलिए वे फिल्में आम दर्शकों की मुट्ठी से फिसल गई और अपेक्षाकृत प्रबुद्ध दर्शक ही उन्हें पसंद कर पाए। इन सबके बीच-पा, एक ऐसी फिल्म है, जो बॉक्स ऑफिस पर भी सफल रही और एक बेहतर फिल्म के रूप में भी जिसकी पहचान बनी। इन दोनों बातों ने मिलकर उसे एक सफल फिल्म का दर्जा दिलाया।

पा-फिल्म में जिस किरदार-औरा, को हमारे सामने लाया गया है, कम से कम किसी हिन्दी फिल्म में, शायद पहली बार ऐसा चरित्र आया है। बच्चा छोटा है, पर उसका शारीरिक विकास उसकी उम्र से कई गुना अधिक होता जाता है, जिसकी वजह से वह बच्चा भी बूढ़ा लगने लगता है। यह एक तरह का रोग है और चिकित्सा विज्ञान में इसकी चर्चा होती है। भले ही दुनिया में ऐसे लोग संख्या में बहुत कम हों, पर होते हैं और हो सकते हैं। इस रोग को आधार बनाकर पहली बार कोई फिल्म रची गई है। चूंकि यह इस रोग पर बनी कोई डाक्यूमेंट्री फिल्म नहीं है, जो रोग के कारणों और लक्षणों के संबंध में हमे विस्तृत जानकारी उपलब्ध कराए, बल्कि यह एक फीचर फिल्म है, कथा, चरित्र और घटना प्रधान है, इसलिए हम केवल यह रोग देखते हैं, उससे अधिक

कुछ नहीं। कम से कम ऐसा एक बच्चा, जो इस रोग का शिकार है, हिन्दी सिनेमा में दिखाया गया, यह इसका महत्व है। शायद नहीं दिखाया गया होता तो बहुत से लोगों को इसकी जानकारी भी नहीं होती कि ऐसे भी किसी रोग का अस्तित्व मानव समाज में है। इस दृष्टि से इसका महत्व है, न कि रोग के संबंध में हमारा ज्ञान बढ़ाने की दृष्टि से। इसलिए इसकी अपनी सीमा है। यह रोग का केवल स्पर्श करती है और शेष सब कुछ एक फैंटसी है, जो नितांत कल्पना पर आधारित है। औरा के जीवन के दो मुख्य क्षेत्र हैं, घर और दूसरा है उसका स्कूल। चूंकि वह केवल शरीर से उम्रदार लगता है, अन्यथा उसकी बुद्धि अपनी वास्तविक उम्र के हिसाब से सही और दुरुस्त है, इसलिए स्कूल की समस्या इस फिल्म में गंभीर नहीं है। क्यों नहीं है, कैसे नहीं है, ये अलग सवाल हैं। दरअसल जिस तरह के रोगी को इसमें दिखाया गया, उसका व्यक्तिगत, पारिवारिक, सामाजिक, शैक्षणिक सभी तरह की समस्याएं और बच्चों से अलग होंगी, विचारणीय भी होंगी, पर यह फिल्म उन्हें लेकर न तो किसी विस्तार में जाती है, न जाना चाहती है। उसके लिए वह कहानी मुख्य है, जो उसके मां-बाप से जुड़ी हुई है, इसलिए चिकित्सा विज्ञान की दृष्टि से यह बहुत आधी-अधूरी फिल्म है, पर चूंकि फीचर फिल्म है, इसलिए इसका सारा ध्यान उसकी कहानी और चरित्रों पर केन्द्रित है। यह इस फिल्म की एक कमी भी है। और शायद एक मजबूरी भी। कुल मिलाकर यह फिल्म कोई सूचना मूलक और विचार प्रधान फिल्म नहीं है, बल्कि एक भावनात्मक फिल्म है, जो हमारे हिन्दी सिनेमा के नब्बे प्रतिशत फिल्मों की प्रकृति है। बॉलीवुड भावनाओं को भुनाना खूब जानता है और विचारों से कतराता है। इधर जरूर ऐसी फिल्में बनने लगी हैं, जिनमें विचार तत्व का महत्व मिलने लगा है, 2009 में भी कुछ फिल्मों को मिला था जैसे गुलाल, फिराक आदि और वे कितनी कामयाब हो पाई, इसकी चर्चा पहले की ही गई है।

इस फिल्म का कथानक यह स्पष्ट करता है कि बुनियादी रूप से विद्या (विद्या बालन) और अमोल (अभिषेक बच्चन) के बीच प्रेम संबंध था। इस प्रेम में उनके बीच शारीरिक संबंध भी बनता है, पर अमोल विद्या पर यह दबाव डालता है कि वह अपना गर्भपात करवा ले, लेकिन विद्या नहीं मानती है। इस मतभेद की वजह से दोनों का एक प्रकार से संबंध-विच्छेद हो जाता है और अपनी-अपनी जिन्दगी, अपने ढंग से जीने लगते हैं। विद्या एक पुत्र की मां

बनती है और वह खुद एक डॉक्टर है। औरा उसी का पुत्र है वह अपने पुत्र का पालन बड़े धैर्य और मनोयोग से करती है। अमोल एक नेता बन जाता है, जो राजनीति में रहकर भी पाक-साफ राजनीति में विश्वास करता है और अपनी ओर से यथासंभव उसे निभाने की कोशिश भी करता है। स्कूल में किसी कार्यक्रम के संदर्भ में अमोल औरा से वादा करता है कि वह एक दिन उसे राष्ट्रपति भवन दिखाने ले जाएगा। विद्या इस प्रस्ताव से सहमत नहीं होती है, क्योंकि उसके मन में अमोल के प्रति अब भी क्षोभ है, पर औरा की जिद की वजह से उसे अमोल के साथ भेजा जाता है। दरअसल विद्या और अमोल समझते हैं कि औरा को उनके संबंधों की जानकारी नहीं है, पर वह इतना बुद्धिमान तो है ही कि उसे यह बात समझ में आ जाती है। वह अपने माँ-बाप को एक बार फिर से मिलाना चाहता है ताकि उनका अधूरा जीवन पूरा हो सके। जब अमोल को यह पता लगता है कि औरा उसका पुत्र है, तब वह भी उससे भावनात्मक रूप से जुड़ जाता है, पर अपनी गंभीर बीमारी के कारण औरा की हालत धीरे-धीरे बिगड़ने लगती है, लेकिन वह अपनी मृत्यु से पूर्व अपने माँ-पिता को पुनः एक दूसरे से मिलाने में कामयाब हो जाता है, इस तरह उसकी मृत्यु भी एक संवेदनशील और पारिवारिक समस्या के मानवीय निदान के लिहाज से, एक सार्थक मृत्यु बनती है।

इसमें कोई संदेह नहीं है कि यह फिल्म मेहनत और समर्पण के साथ बनाई गई है। खासकर औरा के स्कूल के परिवेश को जीवंत बनाने के लिए, इंग्लैड और मलेशिया के विभिन्न स्कूलों तथा कॉलेजों को लोकेशसन्स बनाया गया है। इसकी निर्माण प्रक्रिया में अभिषेक बच्चन की विशेष भूमिका रही है, जिससे निर्देशक बालकी को काफी मदद मिली। चूंकि यह फिल्म ए.बी.सी. कारपोरेशन के तहत बनी है और इसकी कथा अन्य सामान्य फिल्मों से काफी अलग है, साथ ही इसमें अभिषेक ने एक महत्वपूर्ण भूमिका भी की है, इसलिए उन्होंने इसके प्रोडक्शन का काम एक तरह से अपने हाथ में रखा। निर्देशक को बहुत सी जिम्मेदारियों से मुक्त रखा ताकि वे अपने निर्देशकीय कौशल के प्रयोग का पूरा अवसर पा सकें यह भी एक वजह है कि बालकी इसमें एक निर्देशक के रूप में अपना प्रभाव डालने में काफी हद तक सफल होते हैं। इस फिल्म के निर्माण की प्रक्रिया की सबसे बड़ी खासियत यह है कि इसमें औरो के मेकअप के लिए हॉलीवुड के विख्यात मेकअप मैन क्रिस्टीन

और डोमिनिक को बुलाया गया। क्रिस्टीन को मेकअप के लिए प्रसिद्धि–"पैशन ऑफ क्राइस्ट" के लिए मिली थी और डोमेनिक को "लॉर्ड ऑफ द रिंग्स" के लिए। औरो के मेकअप के लिए कई घंटों का समय लगता था और उसे उतारने में भी लगभग उतना ही समय लगता था। इसमें कोई संदेह नहीं है कि वह भारतीय सिनेमा के मेकअप का माईल स्टोन है। इतना स्वाभाविक मेकअप, वह भी एक विकृत व्यक्ति के रूप में, कितना श्रमसाध्य और जटिल होता है, इसका अनुमान लगाया जा सकता है। खासकर मेकअप के लिए इस फिल्म को हमेशा याद रखा जा सकता है। अमिताभ बच्चन के धैर्य की भी दाद दी जा सकती है कि उन्होंने इतने दिनों की शूटिंग के दौरान, इतनी बार, इतने घंटे मेकअप में लगाए। इस तरह के मेकअप के बिना उनका किरादार इतना जानदार भी नहीं बन पाता। एक अभिनेता के रूप में उन्होंने एक मिसाल कायम की है।

जहां तक इस फिल्म में अभिनय पक्ष की बात है, पूरी फिल्म में औरो की भूमिका में अमिताभ ही छाए रहते हैं इस फिल्म के केन्द्रीय चरित्र भी वे ही हैं। अमिताभ का अभिनय निश्चय ही अभिनय कला का एक नमूना है। आजकल के नायक जरा भी अपना हीरो इमेज को बिगड़ने नहीं देते हैं, चाहे वह फिल्म की कथा और चरित्र की कितनी भी जरूरी मांग क्यों न हो। उन्हें तो बस हीरो की तरह दिखना होता है। कुछ ऐसे अभिनेता भी हुए हैं, जिन्होंने अपने नायक छवि से ज्यादा चरित्र को महत्व दिया है। पहले संजीव कुमार ने कई ऐसी भूमिकाएं कीं, जिनमें उनके शरीर को विकालांग रूप में प्रस्तुत किया गया। कमल हासन भी अपने इमेज से अधिक अपने चरित्र को अपेक्षाकृत महत्व देते हैं, पर ऐसे उदाहरण उंगलियों पर गिने जा सकते हैं। कोई चरित्र अभिनेता भले ही इस तरह की शारीरिक विकलागता की भूमिका स्वीकार कर ले, पर हिन्दी फिल्मो के तथाकथित हीरो, यह सब स्वीकार नहीं कर पाते हैं। अमिताभ केवल नायक ही नहीं थे, बल्कि अब वे हिन्दी सिनेमा के महानायक कहलाते हैं, इसके बावजूद औरो की भूमिका जिस तरह से उन्होंने की, वह दूसरों के लिए एक मिसाल है। इस फिल्म के लिए उन्हें सर्वश्रेष्ठ अभिनेता के राष्ट्रीय पुरस्कार के साथ अन्य कई पुरस्कार भी मिले, जिनमें उनके अभिनय कौशल की दाद दी गई यह भी विशेष रूप से उल्लेखनीय है कि वे तीसरी बार अभिनेता का राष्ट्रीय पुरस्कार पा चुके हैं। इसके पूर्व उन्हें "अग्निपथ तथा

ब्लैक" के लिए यह पुरस्कार मिल चुका है। इस फिल्म में उनका अभिनय ही फिल्म सफलता का सबसे बड़ा कारण है। अभिषेक और विद्या अपनी भूमिकाओं में ठीक-ठाक लगे। विद्या जरूर कुछ लो प्रोफाइल जान पड़ी पर अभिषेक ने बड़े संयम के साथ अभिनय किया, जिससे एक चरित्र उभर सका, पर विद्या विद्या बालन ही अधिक लगीं, बनिस्पत एक सजीव चरित्र के। चूंकि केन्द्रीय भूमिका में अमिताभ इतने अधिक छाए रहे कि शेष भूमिकाओं की कुछ कमियां भी उसके प्रभामंडल में छिप गई।

इस फिल्म का अंतिम दृश्य-विधान सबसे प्रभावशाली है, मार्मिक भी। एक ओर औरो धीरे-धीरे मृत्यु के करीब हो रहा है और दूसरी ओर उसकी माँ और पिता के बीच संबंधों के टूटे तार फिर से जुड़ रहे हैं। वह खुद जिन्दगी से जुदा हो रहा है, पर अपने माँ-पिता को पुनः एक सूत्र में बांधते हुए उन्हें जिन्दगी से जोड़ रहा है। फिल्म का यह दृश्य भावनात्मक आधार पर जितना स्पर्श करता है, उतना ही दृश्य-विधान के आधार पर भी। यह अगर जरा भी अतिरेक का शिकार होता, तो दृश्य अपनी स्वाभाविकता खोकर कृत्रिम बन जाता और वह ज्यादा नाटकीय तथा अश्विवसनीय जान पड़ता। यहां निर्देश्क ने बड़े संयम और संतुलन से काम लिया है। कुछ का मानना था कि बच्चे की मौत की कीमत पर बड़ों को परस्पर मिलाना भी कम नाटकीय नहीं है हमारी हिन्दी की पुरानी शैली की लगभग सभी फिल्मों में यह दृश्य बार-बार दोहराया जाता रहा कि किसी की मौत ने या फिर उसकी कुर्बानी ने लोगों का हृदय परिवर्तन किया और फिर से बिछुड़े लोग मिल गए। इस फिल्म के प्रसंग कुछ अलग है औरो पहले से एक रोग का शिकार है। और उसे कालांतर में यह जानकारी भी हो जाती है कि उसके माँ-पिता एक दूसरे अलग हो गए हैं। अपनी मौत के पहले वह कोई संकल्प भी नहीं लेता है कि वह इन्हें मिलाकर ही संसार से विदा लेगा, बल्कि अपनी बाल-बुद्धि से सारी स्थितियो को पहले जानने और समझाने का प्रयास करता है। अमोल को निकट से जानने-परखने के लिए ही वह जिद भी करता है कि उसके साथ दिल्ली जाकर राष्ट्रपति भवन देखेगा, वह इससे आश्वस्त हो जाता है कि वह वाकई उसकी माँ के अनुरूप है, इसलिए उसका यह कदम ज्यादा अस्वाभाविक नहीं लगता है। हर बच्चा, जो थोड़ा भी समझदार हो जाता है, वह अपने माँ-बाप को एक साथ देखना और महसूस करना चाहता है और इसी में वह अपनी पूर्णता देखता है यह

मनोवैज्ञानिक है। सही मनोविज्ञान का एहसास हमें होता है, भले ही जानबूझ कर इसमें इस मनोविज्ञान का सहारा न लिया गया हो। यह भी संभव था कि माँ और पिता को एक बार पुनः दांपत्यसूत्र में बांधकर वह खुद भी स्वस्थ हो जाता, पर इससे फिल्म के अंतिम प्रभाव की गूंज कम हो जाती। औरा इसलिए भी दर्शकों के जेहन में जिन्दा रहेगा कि वह मर चुका है और इस रूप में उसने दर्शकों के मन में अपने लिए एक स्थायी जगह बना ली है। फिल्म के बहुत से प्रसंग बाद में लोग भूल जाएंगे। किसी फिल्म या उसके किसी दृश्य को कब तक याद रखा जा सकता है, पर औरो की मृत्यु जिस तरह हुई वह जरूर हमारी संवेदना का एक आधार है, जो जल्दी नहीं भुलाया जा सकता है।

इस फिल्म के संदर्भ में दो बातें ऐसी हैं, जिनकी आलोचना की जा सकती है। पहली बात यह है कि इसमे औरो के पारिवारिक प्रसंगों को तो सामने रखा गया, लेकिन जिस मात्रा में उसके स्कूल के प्रसंग होने चाहिए थे, वे नहीं हैं। जिससे यह एक पारिवारिक फिल्म तो बनती है, लेकिन एक सामाजिक फिल्म नहीं बन पाती है। ऐसे बच्चे जब अन्य सामान्य बच्चों के साथ पढ़ते हैं, तब उनकी दूसरों के साथ अभियोजन को लेकर कई तरह की शारीरिक और मानसिक समस्याएं पैदा होती हैं, पर इस फिल्म में उसकी गहराई और विस्तार में जाने की कोशिश ही नहीं की गई है। इसलिए ऐसे बच्चों का समाजिक संसार इसमें उपेक्षित रह गया है, जब कि वह बड़ा संसार है। परिवार में जब कोई शारीरिक या मानसिक रूप से विकलांग बच्चा होता है तो घर-परिवार के लोगों की स्वाभाविक सहानुभूति उसके साथ होती है, पर जब वह समाज में होता है तो प्रायः ऐसे बच्चों को तरह-तरह की परेशानियों और उलझनों का शिकार होना पड़ता है। उन्हें अगर परिवारिक समस्याओं के समानांतर महत्व दिया गया होता तो यह फिल्म और भी ऊंचाई पर जा सकती थी। दूसरी बात यह इसके निर्देशक का यह कथन कि दरअसल ऐसे किसी रोग का शिकार बच्चे को लेकर फिल्म बनाना उनके जेहन में कहीं नहीं था, बल्कि वे एक ऐसी फिल्म बनाना चाहते थे, जिसमें अभिषेक बाप बने और अमिताभ बेटा, जो कि उनके वास्तविक संबधों के ठीक उलटा हो और इसी प्रयास में औरो की भूमिका का प्रसंग जुड़ा। यह कथन फिल्म के महत्व और उसकी सार्थकता को कम करती है। यह सच भी है, तो इसकी घोषणा का कोई तुम-तर्क नहीं हैं। फिल्म की सफलता से अति उत्साह में आकर दिया गया

वक्तव्य है, जो फिल्म के खिलाफ जाता है। एक निर्देशक से यह अपेक्षा नहीं की जा सकती है कि वह यह माने कि उसने तो कुछ सोचकर यह फिल्म बनाई थी, पर वह कुछ और बन गई है यह एक बचकानी बात है। जो सोचा गया था कि बेटे को बाप और बाप को बेटा किसी फिल्म में बनाया जाएगा, वह कोई महत्व की बात नहीं है, पर जो फिल्म बनी, वह जरूर महत्वपूर्ण है अपनी बात से अपनी ही फिल्म की महत्ता को घटाना कोई मायने नहीं रखता है।

शारीरिक या मानसिक विकलांगता को लेकर भारत में और खासकर हिन्दी की अनेक फिल्में बनी हैं। ज्यादातर फिल्मों में ये विषय इस रूप में आते हैं कि किसी का शारीरिक विकास तो अपनी उम्र के हिसाब से ही लगातार हो रहा है, लेकिन किन्हीं कारणों से उसका मानसिक विकास अवरुद्ध है, जिसे वह बड़ा होकर भी अपने व्यवहार के स्तर पर एक बच्चा ही बना रहता है और इसे लेकर कई तरह की व्यक्तिगत, पारिवारिक, शैक्षणिक और सामाजिक समस्याएं उत्पन्न हो जाती हैं, जो कम जटिल नहीं होती हैं, पर इस फिल्म की खूबी यह है कि इसमें ठीक उलट स्थित को पेश किया गया है, जिसमें बच्चे की मानसिक उम्र सही है, लेकिन उसका शारीरिक विकास लगातार बड़े और बूढ़े की तरह होने लगता है। यह और भी जटिल समस्या है। इस समस्या का कोई सामाजिक समाधान इसमें नहीं मिलता है, पर इस तरह के एक बच्चे से साक्षात्कार भी कम महत्वपूर्ण नहीं है और यही इस फिल्म की विशेषता और सफलता का मुख्य आधार भी है।

16

राजनीति : अंधरे से अंधेरे तक का सफर

प्रकाश झा, हिन्दी सिनेमा के क्षेत्र में एक महत्वपूर्ण फिल्मकार माने जाते हैं दामुल, उनकी पहली सशक्त सामाजिक फिल्म थी, जिसने उन्हें समानांतर सिनेमा के एक सार्थक निर्देशक के रूप में पहचान दी थी। आज भी प्रकाश झा के नाम के साथ यह फिल्म जुड़ी हुई। उस समय सामाजिक रूप से प्रतिबद्द और संवेदनशील फिल्कारों का एक वर्ग तैयार हुआ था, जो बॉलीवुड की मसाला फिल्मों से हटकर कुछ कलात्मक और कुछ विचारशील फिल्म निर्माण में लगा हुआ था, उनकी पंक्ति में प्रकाश अपनी पहली ही फिल्म से शामिल हो गए थे। यह उनकी एक बड़ी उपलब्धि थी। उनकी हल्की-फुल्की, मनोरंजक और रोचक फिल्म-हिप-हिप हुर्रे, भी लोकप्रिय हुई थी। वे लगातार फिल्में बनाते रहे। बीच में कुछ समय फिल्म निर्माण से दूर भी हुए, पर शायद वे समझ गए कि फिल्म बनाना ही उनकी अभिव्यक्ति का सबसे अनुकूल माध्यम है। वे इसके योग्य हैं भी। फिल्म की भाषा की समझ उन्हें है। एक निर्देशक के रूप में सिनेमा पर उनकी पकड़ भी अच्छी है। उनकी फिल्म-मृत्युदंड, विशेष रूप से पहचान नहीं बना पाई। हालांकि उसमें उन्होंने शायद पहली बार उस समय की सर्वाधिक लोकप्रिय नायिका माधुरी दीक्षिम को एक भिन्न इमेज के साथ पेश किया था, पर वह फिल्म दर्शकों पर कोई खास प्रभाव नहीं डाल पाई। उसके बाद उनकी दो हिट फिल्में आई, गंगाजल और अपहरण । दानों ही दर्शकों को पसंद आई। चली भी। कमाई भी शायद ठीक-ठाक हुई। प्रकाश ने इन फिल्मों के साथ फिल्म निर्माण की नई नीति अपनाई। वे समझ गए कि

सिर्फ कला फिल्म और विचार फिल्म का जमाना लद चुका है। फिल्म बनानी ही है तो अपनी बात को भी बॉलीवुड रंग में रंगकर ही कहनी पड़ेगी। यहीं से फिल्म बाजार में वे प्रवेश करते हैं । कुछ सिनेमा का व्याकरण और कुछ सिनेमा के बाजार के समीकरण से वे अपने ढंग की फिल्म बनाने में जुटते हैं। उनकी वे दोनों फिल्में भी प्रकारांतर से राजनीति पर ही आधारित थीं। वहां राजनीति पृष्ठभूमि में थी और अपनी फिल्म-राजनीति, में अपने शीर्षक के अनुरूप राजनीति प्रत्यक्ष है। दरअसल उनकी वे दोनों फिल्में भी परोक्ष रूप से राजनीति से ही जुड़ी हुई थीं। उनसे निर्देशक को राजनीति की गहराई में जाने का भी मौका मिला। उसी का परिणाम है, उनकी फिल्म राजनीति, अपहरण और गांगाजल की कहानियों में राजनीति एक अतंर्धारा के रूप में काम करती है और राजनीति में वही अंतर्धारा अपने पूरे प्रवाह के साथ सतह पर आ जाती है। प्रकाश को दो धरातलों पर राजनीति को देखने-जानने-समझने का मौका मिला। एक तो उन दो फिल्मों के जरिए और दूसरे उनके अपने व्यक्तिगत अनुभव के आधार पर । एकाधिक बार वे राजनीति के मैदान में जोर आजमा चुके हैं। चुनाव लड़ चुके हैं और चुनाव हारने की कड़ुवाहट भी झेल चुके हैं। इन दोनों तरह के अनुभवों ने उनकी राजनीतिक समझ को काफी पक्का और पुख्ता बना दिया है। जिसका अनुभव उनकी इस नई फिल्म में होता है।

इस रूप में यह कहा जा सकता है कि वे बुनियादी रूप से एक राजनीतिक फिल्मकार हैं। उनकी यह यात्रा दामुल से शुरू होकर राजनीति तक दिखलाई पड़ती है। वे समाज को राजनैतिक दृष्टि से देखते और परखते हैं और उस पर प्रतिक्रिया व्यक्त करते हैं। उनका समस्त राजनैतिक अनुभव, चाहे वह प्रत्यक्ष हो या परोक्ष, फिल्म निर्माण के जरिए हो या निजी अनुभव के जरिए, हमें उनकी इस नई फिल्म में दिखलाई पड़ता है। यह फिल्म उनकी राजनीतिक अनुभव, समझ और परिपक्वता का एक सीधा प्रतिफलन है, इसीलिए इसमें वे इतने सधे हुए और मंजे हुए दिखते हैं। जैसे राजनेता जनता के साथ खेलते हैं, वैसे ही प्रकाश अपनी फिल्म में राजनीति के साथ खेलते हैं। उनका यह खेल जितना रोचक है, उतना ही रोमांचक भी। उसमें जितनी रफ्तार है, उतनी ही पकड़ भी। घटना पर दुर्घटना और घात प्रतिघात, उनकी फिल्म को जीवंत बना देता है। यही वजह है कि ऐसे समय जब कि एक ओर काईट और दूसरी ओर रावण जैसी फिल्मों के साथ उसकी प्रतियोगिता थी, उन्हें पछाड़कर जिस तरह

इस फिल्म ने अपना मार्केट साध लिया है और, उसके पीछे प्रकाश का लम्बा अनुभव दिखता है, वह भी खासकर राजनीति का अनुभव। काईट के साथ नायक ऋतिक रोशन का नाम जुड़ा हुआ है और रावण के साथ निर्देशक मणिरत्नम का। ये दोनों ही फिल्में प्रकाश की राजनीति के सामने टिक नही पाई। हालांकि उनकी वे दो फिल्में-अपहरण और गंगाजल भी सफल रहीं, पर यह फिल्म राजनीति उन पर भी भारी पड़ती है। उनसे आगे की फिल्म है। उनकी तुलना में अधिक सफल और सघन है।

यों तो शायद कोई भी यह पसंद नहीं करेगा कि उनकी फिल्मों को एक राजनीतिक सीक्वेल के रूप में देखा जाए, पर दामुल से राजनीति तक यह क्रम दिखता है। इस रूप में प्रकाश झा के फिल्म निर्माण के पीछे राजनीतिक दृष्टि और दृष्टिकोण को उनकी आधारभूत प्रवृत्ति के रूप में स्वीकार करना शायद बहुत गलत नहीं होगा। उनके अपने व्यक्तित्व में जो राजनीतिक इच्छा और महत्वाकांक्षा रही है, उनकी फिल्में उसीकी अभिव्यक्ति मानी जा सकती हैं। वास्तविक राजनीतिक क्षेत्र की उनकी असफलताओं ने उन्हें अपनी राजनीतिक फिल्मों में सफलता जरूर प्रदान की है। अपनी यथार्थ राजनीतिक अनुभव का उन्होंने काल्पनिक राजनीतिक फिल्मों में जिस तरह उपयोग किया है, यह जरूर सराहनीय है। शायद यही वजह है कि उनकी तमाम राजनीतिक फिल्में सिनेमा में राजनीति को औरों की तुलना में बेहतर ढ़ंग से पेश कर पाने में कामयाब रही हैं। उनकी यह फिल्म-राजनीति उनकी इस कामयाबी को एक नए मुकाम पर पहुंचाती है। इसके बाद उन्हें अपना क्षेत्र बदलना चाहिए, अन्यथा उसमें पुनरावृत्ति का दोष आने लगेगा। बिना देखे भी उनकी फिल्म को देख लेने जैसी स्थिति आ सकती है, उनके लिए एक फिल्मकार के रूप में घातक होगी। अब उनके लिए यह एक डिपारचर की स्थिति है, नहीं तो वे केवल इस या उस रूप में अपने को दोहराते रह जाएंगे। एक निर्देशक की सफलता इस बात में मानी जाती है कि वह अपनी पिछली फिल्मों से कथ्य और शिल्प दोनों मामलों में अपनी अगली फिल्म में आगे दिखलाई पड़े। इससे उसकी विकास यात्रा दर्ज होती है। बेशक वे अपनी फिल्म गंगाजल और अपहरण से राजनीति में आगे बढ़ते दिखते है, पर अननी पहली फिल्म दामुल से ये फिल्में कितना आगे है। यह एक बडा सवाल है। दामुल में सघनता थी, वह उनकी अगली फिल्मों में किंचित घटती प्रतीत होती है। नई फिल्म राजनीति में वे फिर संभलते है, पर

शायद उतना संतुलन इसमें भी नही है, जितना दामुल में था। फिर भी राजनीति के खतरनाक और विकृत चेहरे को इस फिल्म में उभारने में वे सफल जरूर रहे है। फिल्म वास्तव में शुरू से अंत तक राजनीति और सिर्फ राजनीति है। यह फिल्म अपने नाम को सबसे अधिक सार्थक करती है। जैसे निर्देशक ने कसम खाई हो कि अपनी फिल्म में सिर्फ राजनीति ही दिखाएंगे, सिवाय राजनीति के और कुछ नहीं दिखाएंगे। अपना यह वादा उन्होंने पूरा किया है। कहा जा रहा है महाभारत की कथा का आधार इसमें लिया गया है। फिल्म में आधार कहीं स्पष्ट है और कहीं अस्पष्ट। जब कि इसमें किसी आधार की कोई जरूरत नहीं थी। कोई आधार जब लिया जाए और उसके साथ न्याय न किया जाए तो वह एक कमी बन जाती है। महाभारत में भी आद्योपांत राजनीति ही है और इस आधार पर कोई भी राजनीतिक फिल्म उससे बाहर नहीं होती है ,पर कुछ भ्रम की स्थिति में दर्शकों को छोड़ देना कि शायद यह महाभारत की कथा का समकालीन संस्करण है, एक बाजार का खेल बन जाता है। उसी तरह एक खेल इसमें और है कि यह फिल्म सोनिया गांधी का ध्यान दिलाती है। इसका खंडन जितने जोरदार शब्दों में किया जाना चाहिए था, नहीं किया गया। शायद जानबूझ कर। फिर वही बाजार का खेल। दर्शकों को भ्रम में रखने और टिकट की खिड़की तक उसे ले आने का खेल। यानी फिल्म राजनीति भी दर्शकों के साथ एक तरह की राजनीति कर ही जाती है।

फिल्म राजनीति का एक जबरदस्त खेल पेश करती है। पर पूरा खेल बेहद एकरतफा है। इस खेल की काट को जैसे निर्देशक ने खुद ही काट दिया है या फिर छांट दिया है। इसलिए सारे किरदार एक ही सांचे में दिखते है।

राजनीतिक परिवार का एकमात्र युवक, जो विदेश में था, वह भी भारत आता है, तो चाहे, अनचाहे इसी सांचे में फिट हो जाता है। चरित्र की दृष्टि से इस फिल्म में काले की लड़ाई और काले के साथ है, जब कि सफेद चरित्र थे, जिन्हें या तो मार दिया गया। या भागा दिया गया या फिर उन्हें बेहद लो प्रोफाईल में डाल दिया गया। नानापटेकर, रणबीर कपूर, मनोज वाजपेयी, अजय देवगण और अर्जुन रामपाल ये सभी कमोबेश एक ही राजनीतिक थैले के चट्टे-बट्टे हैं। उनमें ही परस्पर सत्ता का खूनी संघर्ष है, पर उनकी इस सत्ता स्वार्थ की लड़ाई के विरोध में खड़ा होने वाला एक भी चरित्र नहीं है, यहां

तक कि जनता भी नहीं। जनता इस फिल्म में महज एक भीड़ है, जुलूस है, नारा है, हंगामा है। वे भीड़ के रूप में भेड़ हैं। प्रकाश इन्हें लेकर फिल्में बनाते हैं। कम से किम अपनी पिछली फिल्मों में वे राजनीति के नर्क को छेदने-भेदने वाले चरित्र रखते रहे, जो आम लोगों के सामने एक समाजिक और मानवीय संदेश लेकर आए, पर इसमें ऐसा नहीं है। कुछ सांपनाथ हैं और कुछ नागनाथ। यह सच है कि समय और समाज का यही तकाजा है। हमारे लिए आगे खाई है और पीछे खड्ड पर अपने नगें, क्रूर हिंसक और अमानवीय यथार्थ के बावजूद कहीं एक रोशनी दिखानी ही पड़ती है, एक रास्ता सुझाना ही पड़ता है। इस फिल्म में न रोशनी है, न रास्ता। जब कि यह राजनीतिक रोशनी और रास्ता दिखाने वाले किरदार फिल्म की कहानी में मौजूद है। फिल्म के आरंभ में ही एक वामपंथी नेता को दिखाया गया था, जिससे प्रदेश के एक कद्दावर नेता की बेटी प्रेम करती है। इस भूमिका को नसीरउद्दीन शाह ने निभाया। निभाया क्या कहा जाए, उसे निभाने का अवसर ही नहीं दिया गया और अपनी साथी, के अनचाहे भी जो जिस्मानी संबंध हो जाता है, उससे अतिशय भावुक होकर व कहीं चला जाता है और फिर लौटकर नहीं आता है। इस रूप में एक औजार को जो इस तंत्र से लड़ सकता है, अलग कर दिया गया वह भी निहायत व्यक्तिगत और कमजोर कारणों से। समझ मे नहीं आता है कि यहां वामपंथियों की कमजोरी दिखाई गई है या उनकी भावुकता या उनका पलायन। जो युवती अपने मित्र, मार्गदर्शक तुल्य व्यक्ति को अपना सर्वस्व समर्पित कर देती है और जिसके आदर्शों के सामने सत्ताधारी पार्टी के अपने नेता पिता के विरोध में खड़ी होती है, वह बाद में बार-बार मंदिर में घटे बजाती दिखती है। यह कैसा हश्र है, विचारधारा का। क्यों वह अपने विरोध और प्रतिरोध की धार को कुंद कर बैठी? सिर्फ इसलिए कि निर्देशक के पास उसके लिए अन्य कोई कार्य या सामाजिक भूमिका नही थी। रणबीर कपूर की विदेश प्रमिका में मानवीयता है, इसलिए कि वह एक नारी को चाहे उसका चरित्र जैसा भी हो गुंडो का शिकार नहीं होना देना चाहती है और अपने प्रेमी के बदलते चेहरे और चरित्र को भी समझती है, पर वह खुद मार डाली जाती है। यानी गंदी, घिनौनी, बीभत्स राजनीति के विरोध में एक भी खड़ा नहीं होता है जो आम जनता का सहारा बन सके। जो लोगों में उम्मीद की एक किरण भर ही जगा सके। फिल्म में जनता तो अंधी है, विवेकहीन है, भेड़चाल वाली है? क्या वोट की इस

राजनीति में अपनी ताकत का इस्तेमाल करके आज भी भारी उलट-फेर में कामयाब नही हो रही है। कहां है, फिल्म में जनता की यह हिम्मत और ताकत? सत्ता को व्यक्तिगत और पारिवारिक जागीर समझने वालों को यह समझाना भी जरूरी होता है कि अतंत: सत्ता जनता के हाथ होती है। एक लम्बे और अंतहीन समय तक जनता को उल्लू नहीं बनाया जा सकता है। ऐसा ही होता तो इस देश में न कभी सत्ता बदलती और न सल्तनत बदलती। राजनीति के इतने काले और खौफनाक चेहरों को लेकर और उनके बीच मचे हिंसक घमासान को लेकर प्रकाश क्या कहना चाहते हैं? सारी हिंसा और हत्या के बाद रणबीर कपूर का चला जाना और अपनी मित्र बनाम भाभी को मुख्य मंत्री बनाने में कामयाब हो जाना, फिल्म का कोई समाधान नहीं है। बाकी भूमिकाओं में अभिनेता ठीक-ठाक ही रहे। अपनी हर फिल्म में नाना और अजय को लेने की मजबूरी से प्रकाश को अब बाहर निकलना चाहिए। ये दोनों ही बड़े लो प्रोफाइल दिखते हैं। रणबीर ने जरूर अच्छा काम किया है। मनोज को जरूरत से ज्यादा विलेन का गेटअप दिया गया है जो पुरानी हिन्दी फिल्मों की याद दिलाता है। इस गेटअप ने उनसे जबरदस्ती लाऊड अभिनय करवाया है। अर्जुन अपनी भूमिका में सबसे ज्यादा फिट लगते हैं। कैटरीना की जरूरत प्रकाशजी को क्यों महसूस हुई, इस फिल्म में यह या तो वे जाने या कैटरीना। फिल्म की सबसे कमजोर पात्र। यों भी इस फिल्म महिला पात्रों को क्यों इतना दबा-सिकुड़ा दिखाया गया है, यह समझ में नहीं आता है। जब कि प्रकाश अपनी पिछली फिल्मों में नारी की ताकत को उभारते रहे हैं।

प्रकाश झा की यह फिल्म कुल मिलाकर एक अच्छी और प्रभावशाली फिल्म है। जो भी मजभेद उभरते हैं, वे इसकी इस विशेषता के कारण ही उभरते हैं। यह एक मृत फिल्म नहीं है। जीवित है, इसलिए कहीं हमें जाड़ती है और कहीं हमें तोड़ती है। कहीं हमें सराहना के लिए मजबूर करती है और कहीं संदेह और सवाल उठाने के लिए। एक ऐसे समय जब कि फिल्मों से समाज गायब होता जा रहा है, प्रकाश अपनी फिल्मों में जन-सामान्य की भागीदारी जारी रखते हैं, भले ही भीड़ के रूप में। इसलिए उनकी फिल्में समाज से जुड़ी होने का एहसास दिलाती हैं। समाज से कटकर और हटकर जिस तरह की फिल्में बन रही हैं, चंद लोकेशन्स और चंद पात्रों को लेकर उनकी तुलना में हमें प्रकाश झा की अन्य फिल्में और खासकर यह फिल्म समाज में कुछ

घटते होने का अनुभव दिलाती हैं। एक सुझाव उन्हें अवश्य दिया जा सकता है, वे मेहरबानी करके अपनी अगली फिल्मों में, एक से भीड़ और जलूस वाले दृश्यों और कारों के लम्बे-जम्बे काफिलों को कुछ कम जरूर करें। प्रकाश झा की यह फिल्म आज एक ब्लॉकबस्टर मानी जा रही है। उन्होंने खुद को स्थापित भी किया है, पर क्या उनके लिए अच्छा नहीं होगा वे अपनी फिल्मों की एकरसता से खुद को जरा बाहर निकालें और समाज को किसी और नजरिए से भी देखें? समाज में राजनीति है और भरपूर है, पर राजनीति तक समाज सीमित नहीं है।

17

गुलाल : क्षेत्रवाद का अंदरूनी संघर्ष

हिन्दी सिनेमा के क्षेत्र में, जिन युवा निर्देशकों ने अपनी एक खास और अलग पहचान बनाई है, उनमें एक महत्त्वपूर्ण नाम अनुराग कश्यप का भी आता है। अपेक्षाकृत कम समय में अनुराग ने बेहतर फिल्में बनाकर और एक हद तक उन्हें बॉक्स ऑफिस पर सफलता भी दिलाकर यह प्रमाणित कर दिया है कि वे न केवल एक समझदार और संवेदनशील फिल्मकार हैं, बल्कि उन्हें फिल्म बाजार का भी व्यावहारिक ज्ञान है। एक समय था, जब समानांतर सिनेमा, कला सिनेमा, नया सिनेमा और विचार सिनेमा के क्षेत्र में हिन्दी के कुछ ही निर्देशक प्रसिद्ध थे, जिन्हें उंगलियों पर गिना जा सकता था। यह तब की बात थी, जब हिन्दी में कला निर्देशक, प्रोड्यूसरों और कलाकारों की एक अलग जमात थी, पर समय बदलने के साथ सिनेमा में बदलाव आया और सिर्फ कला सिनेमा की मांग और उसका महत्त्व घटता गया। उसके बाद उस दौर के लगभग सभी फिल्मकारों ने कुछ व्यवसाय को मिलकार अपने सिनेमा का एक नया व्याकरण तलाशना आरंभ किया। उसमें कुछ सफल हुए और कुछ विफल। सफल वही ज्यादा हुए, जिन्होंने कला बाजार को प्राथमिकता दी। जो नहीं दे पाए, वे न कला सिनेमा के रह गए और न ही व्यावसायिक सिनेमा के। इस तरह एक गैप का निर्माण हुआ।

इस गैप को भरने के लिए कुछ नये, उत्साही, ऊर्जावान, समय के बहाव को समझने वाले और सिनेमा को व्यावसायिक रूप में सफलता की एक हद तक गारंटी दिलाते हुए भी, सेंसेबिल फिल्मों की समझ रखने वाले निर्देशक

सामने आए, जिनमें संजयलीला भंसाली, मधुर भंडारकर, प्रियदर्शन, मणिरत्नम और अनुराग कश्यप जैसे लोग उभरे। अनुराग की समझ परिपक्व है वे अनवाश्यक रूप से भावुक नहीं होते हैं। वे जब सिनेमा बनाते हैं तो एक साथ अपने लिए भी बनाते हैं, अपने प्रोड्यूसर के लिए भी और अपने दर्शकों के लिए भी। यह तालमेल बनाने में वे माहिर हैं, इसलिए उनकी ज्यादातर फिल्में जिस हद तक विचारपूर्ण होती हैं, उतनी ही समय और समाज से जुड़ी हुई और उतनी ही बाजार के गणित के हिसाब से भी माकूल। ऐसा संयोग बहुत कम निर्देशकों में मिलता है, इसलिए अनुराग अलग माने जाते हैं, जाने जाते हैं। इसका प्रमाण है, उनकी फिल्म-गुलाल।

गुलाल राजस्थान की पृष्ठभूमि से जुड़ी हुई फिल्म है। हमारे देश में राजस्थान का महत्त्व ऐतिहासिक दृष्टि से कदाचित सबसे अधिक है। राजस्थान का नाम लेने भर से भातरीय इतिहास की गौरवगाथा गूंजने लगती है। अपनी कई विशेषताओं के लिए विख्यात राजस्थान की एक बड़ी खूबी और उपलब्धि है- राजस्थान रेजिमेंट। कभी उसकी जो पूछ और पहचान थी, आज उतनी नहीं है। यानी राजस्थान की उपेक्षा हो रही है। इस उपेक्षा से उसे निजात दिलाने का एक ही उपाय बचता है-एक अलग और स्वतंत्र राजपुताना की मांग। फिल्म की कहानी इसी मांग को आधार बनाकर रची गई है। पूरी फिल्म में वर्चस्व की लड़ाई मिलती है, जहां हिंसा से लेकर हत्या तक शामिल है। यह संघर्ष दो धरातालो पर चलता है, समाज के प्रौढ़ों के बीच और समाज के युवाओं के बीच। समाधान तो लगभग कुछ भी नहीं निकलता है, पर संघर्ष शुरू से अंत तक खूनी ही होता है। विषय के लिहाज से यह फिल्म एक नई समस्या लेकर आती है, क्षेत्रवाद की समस्या। अलग राज्य की स्वतंत्रता और स्वायत्ता की मांग को लेकर उठती समती समस्या। जैसे पंजाब को खालिस्तान बनाने की मांग उठी थी, जिसने खालिस्तानी उग्रवाद को जन्म दिया। इस फिल्म में राजपूताना की मांग के पीछे होने वाले खून-खराबे को दर्शाया गया है किसी मुद्दे को लेकर मिलकर लड़ने वाले वर्चस्व को लेकर किस तरह परस्पर लड़ाई में हिंसक होकर मूल समस्या को खुद ही दरकिनार कर लेते हैं और इससे राज्य के भीतर की जातिवादी समस्याएं कितनी विकट और विकराल बन जाती हैं, इसका एक जीवंत दृष्टांत इस फिल्म में मिलता है। भावी नेतृत्व की लड़ाई की जमीन बनती है, कॉलेज और विश्वविद्यालय। बीज वहीं पड़ते हैं और उसका विषवृक्ष समाज

में पनपता और फैलता है। फिल्म का यह पक्ष जितना जीवंत है, उतना ही भयानक भी। इस तरह दो भिन्न धरातलों पर यह फिल्म एक अलग राजपुताना की मांग को लेकर परस्पर एक दूसरे के खून का खेल बनती है जो हमें काफी विचलित कर डालती है। इस कथानक को लेकर शायद ही कभी हिन्दी में इतनी संघन फिल्म बनी हो । यह इसकी एक बड़ी खूबी है और एक बडी उपलब्धि भी।

फिल्म की कहानी में गति है, जो एक औसत दर्शक को भी बहा सकती है। घटनाएं एक के बाद एक तेजी से घटती हैं ज्यादातर घटानाएं, निजी स्वार्थ और सत्ता से जुड़ी हुई हैं, इसलिए उनमें हिंसा का पक्ष अधिक है। घटनाओं की एक तेज रफ्तार को निर्देशक ने यथा संभव संभाला है और उनमें उसमें उसे सफलता भी मिली है। फिल्म का सामजिक पक्ष उसकी एक बड़ी सबलता है। कहीं भी बॉलीवुड फार्मूला या अनावश्यक लटके-झटके नहीं हैं। जो हैं, वे कहानी के भीतर से फिल्म में पैदा होते हैं। उन्हें ऊपर से थोपने की कोशिश जोर-जबर नहीं की गई है और इस दौर में इस तरह की फिल्म बनाना एक जोखिम ही माना जा सकता है, पर निर्देशक ने यह उठाई है और इसके लिए उसकी जरूर सराहना की जा सकती है। कहानी से फिल्म का शीर्षक पुरा मेल खाता है। गुलाल यों भी राजस्थान की पृष्ठभूमि के अनुकूल प्रतीत होता है। यह गुलाल होली की याद भी दिलाता है, पर फिल्म में जो होली है, वह रंग की नहीं बल्कि रक्त की है। पूरी फिल्म पर मुख्य भूमिका में के.के.छाए रहते हैं। वे कहानी की केन्द्रीय भूमिका में हैं और अपनी भूमिका उन्होंने अच्छी तरह निभाई भी हैं। शेष पात्र अपनी भूमिकाओं में प्रभावशाली नहीं हैं तो मिसफिट भी नहीं हैं। इस फिल्म की एक बड़ी खूबी यह है कि इसमें नाटकीयता भरपूर है। एक तरह से सिनेमा में नाटक की शैली को पिरोया गया है। नाटकीय चरित्र विधान और नाटक संगीत प्रयोग, इसकी नाटकीयता की एक विशेषता है और यह सायास है। जानबूझकर इसे इस तरह पेश किया गया है जो इसे अन्य फिल्मों से अलग करती है।

नाटकीयता जहां एक ओर इसे एक मजबूत आधार प्रदान करती है, दूसरी ओर यह इसकी कमजोरी भी बनती है। कमजोरी इस अर्थ में कि इससे सिनेमा नाटक के नीचे दबा सिकुड़ा लगता है। इसकी वजह से इसमें एक तरह से सहजता की जगह कृत्रिमता आ जाती है जिससे दर्शकों का जुड़व घटता है।

और सिनेगा का प्रभाव भी घटता है। कहानी को जानबूझ-कर बेहद उलाझाने का प्रयास किया गया है। जिस कहानी में यों भी घटनाएं अधिक हों, वहां उन्हें सायास उलझाया भी जाए तो स्वाभाविक है कि उससे कथा के प्रवाह में बाधा आती है और कहानी दर्शकों से कम जुड़ती है। किसी कहानी को किसी फिल्म में देखना और सिर्फ देखना एक अलग बात है और उसे महसूस करना बिलकुल ही एक अलग बात है। किसी भी घटना या चरित्र से हम जुड़ पाएं इससे पहले ही उसे हमसे अलग कर दिया जाता है। इसलिए यह फिल्म भले ही दर्शनीय बनती हो पर ग्रहणीय कम लगती है। जानबूझ कर हमारी ग्राह्यता को खंडित किया गया है। एक तरह से कहानी दर्शकों के साथ एक खेल खेलती है। दर्शक ही इस खेल में हारता है और कहानी की जीत फिल्म को अपने मुकाम तक नहीं पहुंचने देती है।

फिल्म में जरूरत से ज्यादा गाली गलौज का प्रयोग किया गया है। हिंसा की मात्रा भी ज्यादा है। इसे एक यथार्थपरक बनाने की कोशिश में यह अति यथार्थपरक बन जाती है, और उसमें एक बौद्धिक कसरत का एहसास होता है। कॉलेज का जो माहौल है, वह भी इसी आधार का शिकार बना है। इस स्तर पर वर्चस्व की लड़ाई गलत नहीं है, पर कॉलेज और एक राजनीतिक पार्टी में कुछ तो है, यह फर्क फिल्म में नहीं रह जाता है। कुल मिलाकर यह फिल्म एक गैंगवार अधिक लगती है, जैसे रामगोपाल वर्मा की सिनेमा शैली का कोई नया संस्करण हो। मूल विषय हाशिए पर चला जाता है और शेष बातें ही मुख्य बन जाती हैं। फिल्म का कथानक प्रभावशाली है, पर उसका शिल्प कमजोर।